PROCÉDÉS NOUVEAUX

DE

PHOTOGRAPHIE

OU

NOTES PHOTOGRAPHIQUES

Par A. MARION

PARIS

LIEBER, ÉDITEUR

13, RUE LE SEINE.

1865

PROCÉDÉS NOUVEAUX

DE

PHOTOGRAPHIE

OU

NOTES PHOTOGRAPHIQUES

Par A. MARION.

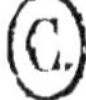

PARIS

LIEBER, ÉDITEUR

13, RUE DE SEINE.

1865

INTRODUCTION.

———

Le titre un peu prétentieux de ce faible opuscule exige de nous quelques explications. Nous n'avons certes pas la prétention de nous poser en inventeurs, ni même en propagateurs de *procédés nouveaux de photographie non connus*. Nous ne voulons que mentionner les essais que nous avons faits d'après les indications qui nous ont été fournies par les auteurs de ces procédés, laissant tout le mérite de l'invention à qui de droit, et n'adoptant le titre qui figure en tête de notre opuscule que parce qu'il nous paraît bien approprié au but que nous voulons atteindre, indiquer le parti que l'on peut tirer des produits de notre industrie pour les appliquer avec intelligence aux plus récentes découvertes de la photographie.

Dans notre conviction intime, les papiers photographiques que nous préparons par les moyens mécaniques dont nous disposons, sont aptes à exercer une influence salutaire sur toutes les opérations qui conduisent à la production de l'image photographique. Nous signalons ce mérite, sans revendiquer pour nous d'autre propriété que celle du mode particulier de préparation et d'encollage des papiers, laborieusement étudié et pratiqué par nous depuis plusieurs années; tout le reste appartient aux auteurs des procédés nouveaux ou anciens dont nous parlons.

CHAPITRE PREMIER.

**Papiers photographiques français et étrangers.
Observations sur leur fabrication et les encollages
additionnels.**

Le choix du papier destiné aux opérations photographiques est, selon nous, chose importante et sérieuse. Cette conviction profonde, dont nous ne nous
sommes jamais départis, est fort heureusement partagée
par un grand nombre de personnes, et les auteurs d'ou-
vrages photographiques sont unanimes pour en recom-
mander un choix attentif et scrupuleux. Pénétrés de
cette vérité et guidés par l'expérience, nous allons nous
approvisionner dans les deux seules fabriques de France
et de Prusse qui ont conquis, à nos yeux, le mérite
d'une fabrication irréprochable autant qu'il est permis
de le dire pour les choses humaines, mais dans tous les

cas supérieures à toutes celles que nous connaissons, et nous croyons les connaître toutes.

Notre longue carrière commerciale dans l'industrie de la papeterie nous y a fait acquérir les connaissances nécessaires pour bien apprécier le papier dans les qualités diverses et essentielles qui le rendent propre à chaque destination, et plus particulièrement à la photographie, depuis l'importante découverte de M. Talbot, qui fit pour le papier ce que ses devanciers Niepce et Daguerre avaient fait pour la plaque argentée.

Les travaux pour l'obtention de l'image daguerrienne sur papier furent continués avec succès par M. Blanquart-Evrard. Dans un intéressant ouvrage publié en 1851, il apprit à ses lecteurs que le meilleur papier propre à recevoir les sels d'argent destinés à donner naissance à l'image photographique, c'était dans nos magasins de la cité Bergère qu'il l'avait trouvé, sous la désignation de papier N° 10, B. Cette révélation inattendue ne contribua pas peu à la détermination que nous prîmes alors de nous livrer à l'étude de l'art naissant, qui réclamait inopinément de notre industrie un des éléments essentiels à la production de ses œuvres.

L'étude du papier dans son application à la photographie devint dès lors notre occupation favorite, et nous fondâmes une fabrique pour l'exploitation de cette nouvelle branche d'industrie, à laquelle, depuis cette époque, nous n'avons cessé d'apporter toute notre attention et nos meilleurs soins.

Les prix fort élevés de la fabrique de Prusse, où nous allons nous approvisionner de papier, ne nous arrêtent nullement. Ils ont l'inconvénient de tenir ceux de notre tarif à leur haut diapason ; mais les personnes sensées qui depuis longtemps ont compris et apprécié notre manière de faire ne s'arrêtent pas non plus devant cette différence de prix. Nous pourrions citer tels photographes faisant des tirages importants, que ces prix élevés ne font pas reculer, malgré leurs productions à bon marché ; c'est qu'ils ont compris qu'il y avait économie à acheter cher là où on était assuré de la qualité de la marchandise. Un proverbe dit que rien n'est plus cher que le bon marché.

Les papiers de la fabrique de MM. Blanchet frères et Kléber, de Rives, jouissent d'une réputation de bonne qualité justement acquise ; ils partagent avec ceux de Malmedy les honneurs d'une préférence marquée de la part des praticiens et des amateurs de tout rang. Les produits de ces deux grandes fabriques ont leurs caractères distinctifs, leurs qualités et leurs défauts. Nous avons été heureux d'entendre M. Davanne, dont le nom fait autorité, dire devant nous, et en s'adressant à nous, qu'une preuve certaine de la supériorité des papiers photographiques français était la préférence que les Anglais leur accordent sur les papiers de leur pays.

Nous exportons, en effet, beaucoup de papiers en Angleterre ; ceux de nos sortes destinées à la photographie y sont recherchés, mais il faut bien avouer aussi que les papiers de Prusse y sont estimés autant, si ce n'est plus, et qu'ils sont importés en Angleterre en quantités considérables ; les grands centres allemands, abondamment pourvus, en répandent dans tous les pays.

Ce n'est pas à dire pour cela que toutes les papeteries d'Allemagne fabriquent également bien : non, loin de là; car s'il en était ainsi, la concurrence aurait bien vite fait baisser le prix du produit. Les fabriques allemandes qui ont voulu faire concurrence à l'usine de Malmedy ont toutes échoué, et malgré le soin qu'elles ont pris de décorer du nom *Saxe* des produits inférieurs, le bon sens public a fait justice de la supercherie.

C'est ici le cas de dire que le nom *Saxe* appartient à tout le monde, et que les marchands ou fabricants qui en font usage comme marque, tout en sortant des limites du devoir, restent dans celles du droit. En présence de la valeur de ce nom et de la confiance qu'il peut inspirer, nous laissons à juger le cas que l'on doit en faire.

Après cette courte digression, qui trouvait sa place ici, nous disons que c'est le genre d'encollage des papiers français et allemands qui fait une partie de leur mérite; la résine et la fécule qui en forment la base étant insolubles dans l'eau, constituent, avec la cellulose à laquelle ils sont unis dans la cuve, une pâte homogène qui, après avoir pris corps sous forme de feuille continue, est conduite par le mouvement régulier de la machine sous l'étreinte des cylindres chauds, d'où elle sort sèche, souple et solide, avec toutes les qualités requises pour résister aux bains réitérés exigés par les opérations photographiques.

En Angleterre, on procède différemment : la pâte à

papier est livrée à la machine pure de tout encollage ;
c'est par une seconde opération qui suit immédiatement
la formation de la feuille que celle-ci passe avant d'être
coupée dans une solution de gélatine, va se sécher dans
une étuve d'une longue étendue. et qu'elle en sort épais-
sie de la quantité de gélatine absorbée, forte, résistante,
et sonore, qualités remarquables des papiers anglais,
parfaits pour l'écriture, mais peu propices aux opérations
photographiques. Si l'on met ce papier pendant quelque
temps dans l'eau, la gélatine se ramollit, la pâte se dé-
sagrège ; il faut alors de grandes précautions pour sau-
ver les épreuves d'une destruction imminente.

Disons que les machines à papier du système anglais
occupent un emplacement plus que double de celui,
déjà fort grand, du système français, que les tentatives
qui ont été faites dans notre pays pour fabriquer d'a-
près les données anglaises n'ont pas été heureuses, et
que l'on a dû y renoncer.

Il y avait quelque chose de vrai dans le dire de M. Davanne sur la préférence accordée par les Anglais aux
papiers photographiques français, comparés à ceux de
leur pays ; mais il était juste de dire aussi que les papiers de Prusse sont essentiellement bons, et que si
l'on comparait, au point de vue de l'importation en
Angleterre, les papiers photographiques de la France
et de la Prusse, la balance pourrait bien pencher en
faveur de la Prusse, car notre maison de Londres a
souvent pu constater la préférence des Anglais pour les
papiers prussiens. Ce que nous avons dit, nous le main-
tenons donc, uniquement pour rendre hommage à la

vérité. Les papiers de Malmedy rivalisent avec les papiers de Rives pour le travail à la main, et, en raison de leur excellente qualité, ils se prêtent seuls au travail mécanique dont il est parlé aux divers chapitres de ces notes. Cet aveu, qui nous échappe malgré nous et à regret, exercera peut-être, nous l'espérons du moins, une influence salutaire sur l'avenir de la fabrication française des papiers photographiques. Nous saluons à l'avance, comme un jour heureux, celui où nous pourrons proclamer son triomphe et cesser de payer un tribut à l'étranger. C'est parce que déjà les papiers de Rives possèdent les qualités essentielles d'un albuminage à la main facile, et acquièrent un lustre remarquable, que nous avons organisé dans nos ateliers le double travail : à la mécanique, pour les papiers prussiens de Malmedy, et à la main, pour les papiers français de Rives.

Nous le répétons encore, le papier de Malmedy est le seul qui se prête à l'albuminage mécanique que nous allons décrire, après que nous aurons fait passer sous les yeux de nos lecteurs une lettre à nous adressée par M. Steinbach. Elle aura pour effet, tout en constatant la source de nos papiers, de faire jaillir la vérité sur la valeur du nom *Saxe* improprement donné à un produit prussien, nom qui fausse la vérité, égare le public dans ses appréciations, et, qui plus est, donne un libre accès à la tromperie par la raison que nous avons déjà dite, que le nom *Saxe* appartenant à tout le monde, une foule de mauvais papiers peuvent en être décorés sans que nul fabri-

cant ait le droit de réclamer. C'est cette raison qui
nous a déterminés à accepter la proposition du fabri-
cant, M. Steinbach, de mettre son nom aux papiers
qu'il nous fabrique. Cette mesure, qui par des raisons
de douane n'a pu encore recevoir son exécution entière
et rigoureuse, la recevra complétement pour nos nouvelles demandes. Nous n'aurons plus de papiers de
Prusse que revêtus de la marque *Steinbach à Malmedy*,
et nous conservons l'espoir que le nom Saxe ne peut
tarder à être estimé à sa juste valeur. Cette fausse dénomination est dès ce jour bannie de notre catalogue, et
remplacée par le nom Steinbach, seule vraie marque
qui doive désormais inspirer confiance.

Ci-dessous copie de la lettre de M. Steinbach :

Malmedy, 10 novembre 1864.

Messieurs A. MARION ET C*ie*, *Paris.*

J'ai fait apporter le plus grand soin à la nouvelle fabrication de
papier en rouleau que vous m'avez commandé ; les godes dont
vous vous plaigniez précédemment ont été évités, et j'ai tout lieu
de croire que vous serez satisfaits de cette fabrication hors ligne.
Selon votre désir, ce papier est sans nom dans la pâte.

Jusqu'à présent il n'a pas été en mon pouvoir d'empêcher quelques commerçants d'user de supercherie pour induire le public en
erreur sur la provenance des papiers qu'ils vendent. Dans le temps
on a donné à ceux provenant de ma fabrique la fausse dénomi-

nation de *Saxe*, pour en cacher la source. Tout ce que je puis dire, c'est qu'il ne sort de ma fabrique aucun papier revêtu de ce nom d'emprunt. Ils portent, vous le savez, Messieurs, *la firme* STEINBACH A MALMEDY, ou n'ont aucune marque, selon qu'ils ont été commandés.

Veuillez agréer, etc.

Signé : STEINBACH.

Ce que nous venons de dire sur les papiers et les différents procédés d'encollage nous conduit à parler de l'opinion qui a été émise au sein de la Société française de photographie par un de ses membres les plus éminents, à l'occasion de la nomination d'une commission pour étudier la question des papiers photographiques. La feuille de papier, d'après l'opinion émise dans cette séance, n'interviendrait que d'une façon fort secondaire dans la formation de l'image positive ; le papier ne servirait que comme support inerte et de nulle influence ; c'est à l'encollage additionnel qu'il faudrait attribuer sa manière d'agir, c'est du côté d'un bon encollage additionnel que devrait se porter l'attention de l'opérateur, sans avoir égard à la nature du papier. On ne veut pour preuve de cette assertion que l'intéressante expérience accomplie par M. Terreil sous les yeux de la Société dans une de ses séances, expérience consistant à soumettre une épreuve albuminée à l'action de l'acide sulfurique ; sous cette influence, le papier se parchemine, la couche d'albumine restée inaltérée est alors facile à séparer du papier, l'image tout entière est emportée par l'albumine, la feuille reste absolument blanche.

Tout en nous inclinant devant la science et devant l'intéressante expérience de M. Terreil, dont nous croyons devoir attribuer l'effet à une disposition spéciale de la couche d'albumine, notre avis est qu'il y a erreur dans l'opinion qu'elle a fait naître, erreur que, plus que personne, nous sommes intéressés à ne pas laisser s'accréditer. Nous reconnaissons parfaitement l'influence salutaire d'un bon encollage additionnel sur le papier, mais nous sommes autorisés à croire que ce bon encollage sur un mauvais papier serait peine perdue, l'image que l'on en obtiendrait serait médiocre et sans valeur ; on s'exposerait à des déboires de toutes sortes en employant un mauvais papier.

Nous croyons que les meilleurs encollages additionnels sont : l'albumine, quand on veut du brillant et une grande vigueur de tons à l'épreuve ; l'arrow-root, quand on la veut mate avec du relief et l'effet artistique qu'il produit, effet très-recherché par les gens de goût. Il y a d'autres encollages dont nous ne parlons pas, à cause de leur analogie plus ou moins grande avec ceux-ci. Nous allons passer en revue ceux qui sont préparés dans notre fabrique, indiquer leur action, les qualités qu'ils donnent aux papiers, l'influence qu'ils exercent sur les opérations photographiques, la destination spéciale de quelques-uns de ces papiers, entre autres de celui préparé dans le but de détacher la couche d'albumine revêtue de l'image photographique, etc. La couche première que nous plaçons au-dessous de la couche supérieure, et qui forme le contre-support de celle-ci, intervient d'une façon favorable dans la séparation de l'image sur albumine de la feuille de papier qui la supporte, en employant le moyen indiqué par M. Terreil.

Enfin, indiquer ceux de nos papiers qui, dans les procédés nouveaux dont nous parlons, sont aptes à exercer une influence salutaire pour assurer la bonne venue de l'image et le succès absolu des opérations.

CHAPITRE II.

**Papier sans fin; glaçage et albuminage mécanique
continu.**

Nos premiers essais d'albuminage mécanique remontent à 1860. Nous ne soupçonnions pas alors toutes les difficultés que nous aurions à surmonter, et qu'il nous faudrait plusieurs années de tâtonnements et d'efforts pour arriver à la perfection. Le brillant de la couche d'albumine, très-recherché par un grand nombre de photographes, était l'écueil contre lequel venaient se briser les combinaisons mécaniques auxquelles nous avions recours. Le lustre jugé nécessaire à la beauté des grands portraits et plus encore des miniatures si délicates de la carte de visite, manquait en partie à notre papier. On trouvait qu'il n'avait pas tout l'éclat voulu et on le réclamait avec instance. Poussés dans cette direction, nous sommes enfin parvenus, après de nouvelles recherches, à donner à notre travail mécanique la seule chose qui lui manquait pour devenir parfait, un brillant plus fort, sans lui rien laisser perdre de ses qualités essentielles : couche égale et régulière sur toute l'étendue de la feuille ou du rouleau, sans souillures ni froissures par le toucher, parce que les doigts de l'ouvrier qui conduit la machine sont éloignés de tout contact avec la feuille. La cause écartée, l'effet a naturellement cessé d'exister.

Entre autres avantages de ce papier, nous devons signaler le précieux mérite qu'il possède de rester blanc après la sensibilisation, de se conserver longtemps dans cet état, de ne pas colorer le bain d'argent et de s'opposer ainsi à son appauvrissement, suite inévitable de la décoloration. L'économie de temps que l'on réalise avec notre papier n'est pas moins importante que l'économie d'argent ; une minute de séjour sur le liquide sensibilisateur suffit pour donner à la feuille toute l'impressionnabilité que l'on peut désirer, et, chose importante à noter, parce que le travail mécanique nous procure une économie de main-d'œuvre, nous pouvons rester dans des limites de prix modérés, nous pourrions même dire de prix relativement bas malgré la qualité supérieure du papier que nous traitons.

Une autre économie qui a aussi sa valeur, c'est que ce papier, produit en rouleaux de 10 mètres sur une largeur de 0^m,57, peut être taillé sur toutes mesures sans déchet et sans perte.

La longueur de 10 mètres dont nous parlons est la mesure courante et réglementaire de la maison, mais rien ne s'opposerait à la production de rouleaux plus longs si cela nous était demandé.

CHAPITRE III.

Papier positif extra-brillant pour épreuves dites sur émail.

L'espèce de papier positif que nous nommons extra-brillant est remarquable par le lustre, le blanc et la richesse de ton qu'elle donne aux épreuves ; brillante et solide, elle ne se ternit pas avec le temps et reste invariablement belle, sans jamais s'altérer ni s'enlever par écailles comme il arrive souvent avec les papiers-porcelaine albuminés ou porcelaine émaillés au blanc de zinc, ou par tout autre enduit semblable ; les diverses couches ont en outre l'inconvénient de colorer le bain d'argent outre mesure.

Notre papier extra-brillant n'a aucun de ces inconvénients ; il est en grande estime près des personnes qui en ont déjà fait usage et toujours redemandé par elles.

2

Il faut avoir soin que le bain d'argent sensibilisateur soit assez fort, car autrement l'épreuve perdrait une partie de sa valeur et de son éclat; la richesse du bain doit toujours être en rapport avec la richesse de la couche d'albumine.

Nous conseillons pour la sensibilisation de ce papier, d'abord un bain d'argent qui ne soit pas au-dessous de 15 0/0, puis un séjour de trois minutes sur le liquide. Rien du reste n'est changé aux opérations qui suivent; il vire rapidement n'importe avec quel système de virage.

Ce papier est livré soit en rames, soit en rouleaux.

CHAPITRE IV.

Papier albuminé économique.

Nous donnons à ce papier la dénomination d'*écono-mique* en raison de la qualité particulière et bien constatée qu'il possède de se sensibiliser sur un bain d'argent faible, sans donner lieu à aucun des inconvénients qui se produisent avec les papiers soumis aux opérations manuelles ordinaires de l'albuminage.

M. Wan Monckhoven, dans son *Traité général de photographie*, page 261, article *Sensibilisation du papier*, dit : « Avec le papier albuminé, il est de rigueur de ne pas prendre moins de 20 0/0 de nitrate d'argent, sinon la coagulation de l'albumine serait imparfaite. » On sait les conséquences fâcheuses de la dissolution même partielle de la couche albumineuse sur le bain d'argent; elle colore le bain, qu'on ne parvient à décolorer qu'aux dépens de sa richesse, et le papier se ressent toujours de cette coloration fàcheuse du liquide.

Avec le papier économique, la plus faible concentration du bain argentifère ne saurait avoir une influence fàcheuse sur la couche d'albumine, attendu qu'elle est insolubilisée. Un bain d'argent à 6 0/0 est plus que suffisant pour produire une sensibilisation parfaite. Cependant, comme la couche coagulée est longue à se pénétrer, il faut prolonger un peu l'immersion ; elle doit être de cinq à six minutes au moins.

Le papier ainsi traité est rapide à s'impressionner, rapide à virer, et l'épreuve obtenue ne perd jamais rien de son lustre primitif; il présente à l'œil le poli et le brillant du pur émail. Ces qualités, répétons-le, sont dues à la couche d'albumine insolubilisée sous l'influence de la machine, grâce à la qualité supérieure du papier qui, à l'état humide, résiste sans se rompre à une tension considérable.

Il n y a pas de condition particulière pour l'emploi de ce papier, si ce n'est celle d'un bain d'argent faible avec prolongation d'immersion pour les causes que nous signalions tout à l'heure. Il n'y aurait aucun inconvénient à employer un bain riche en cristaux argentifères ; mais, comme ce serait en pure perte, on doit s'en tenir à la limite moyenne de 6 0/0.

Ce papier est produit en rouleaux qui se divisent conformément à la demande et au goût de l'acheteur. Nous le croyons appelé à rendre des services aux opérateurs et aux chercheurs.

CHAPITRE V.

Papier albuminé coagulé inerte.

Ce papier est pourvu de l'encollage additionnel simple, sans principe générateur de l'image ; c'est aux opérateurs à chercher le meilleur emploi qu'ils puissent faire de ce support précieux et les préparations les plus efficaces à lui faire subir pour assurer le succès de leur opération. A ce titre de simple support il peut remplacer le verre et recevoir la couche de collodion d'après les diverses formules que l'on trouve indiquées dans les traités de photographie ou d'après ses propres inspirations. Il y a une infinité de recherches intéressantes et curieuses à faire avec ce papier à encollage simple ou double, au gré de l'acheteur. Dans le cas de double encollage, les deux faces du papier sont brillantes et également insolubles.

Ce papier peut être ciré et ioduré, ou simplement ioduré pour servir soit comme positif, soit comme négatif, en raison de la promptitude avec laquelle l'image se révèle et de son développement facile dans le bain continuateur; il se prête admirablement aux opérations multiples de la chambre noire, du châssis positif ou de l'appareil amplifiant.

L'encollage additionnel insolubilisé qu'il a subi a plus que tout autre la propriété précieuse de boucher les pores du papier et de le rendre apte à toutes les opérations photographiques. Il est par sa nature et sa qualité appelé peut-être à favoriser les résultats de procédés encore inconnus, mais dont on peut pressentir l'apparition dans un avenir plus ou moins prochain. Les idées et les systèmes qui se font jour partout nous autorisent à rester dans l'attente de quelque importante découverte dans le domaine de la photographie.

Nous nous permettons à cette occasion de transcrire les lignes suivantes, empruntées au *Bulletin de la Société française de photographie*, numéro de février 1855.

PROCÉDÉ AUX SELS D'URANIUM, PAR M. TUNNY.

M. Tunny a obtenu des épreuves très-vigoureuses avec un mélange d'uranium et de chlorure d'or, ainsi qu'avec un mélange de nitrate d'uranium et de nitrate d'argent. Ces épreuves, d'après l'auteur, sont peut-être aussi bonnes que celles que l'on obtient avec le phosphate d'argent ammoniacal.

Le collodion dont M. Tunny donne les proportions permet d'obtenir des épreuves très-vigoureuses, mais il n'est pas très-sensible

Alcool préalablement saturé de nitrate

d'urane. . . . . 48 cc. 2

    Éther. . . . . 48 — 2

    Chlorure d'or ou nitrate d'argent. . . . . . 0 gr. 711

    Pyroxyline . . . . 1 — 422

Le collodion ainsi préparé est étendu sur le papier ; celui-ci, séché ensuite dans l'obscurité, est prêt pour l'impression. L'épreuve, après exposition, est fixée au moyen de l'eau légèrement acidulée, soit par l'acide nitrique, soit par l'acide oxalique.

CHAPITRE VI.

Papiers pour transport de l'image au charbon.

TROIS ESPÈCES DESTINÉES A TROIS OPÉRATIONS DISTINCTES.

PAPIER ALBUMINÉ INERTE.

. Ce papier, sans iodure ni chlorure dans l'albumine,
peut avoir des applications diverses et très-nombreuses
en photographie; nous n'en signalons ici qu'une seule:
son emploi comme support de l'image au charbon trans-
portée, que nous traitons dans ces notes, pages 66 et 68.

PAPIER A LA GOMME LAQUE.

Ce papier, destiné au même usage que celui ci-dessus, mais comme subjectif provisoire, a sa propriété indiquée et son emploi tracé dans cet opuscule, pages 70 et suivantes.

PAPIER GÉLATINÉ.

Ce papier, destiné aussi au transport de l'image gélatino-bichromatée à laquelle succède le support définitif, a sa destination nettement définie dans ces notes, page 72. Un chapitre spécial est consacré à ce papier, page 37.

Ces trois espèces de papiers, destinés au même usage, le transport de l'image au charbon, présentent cependant entre elles des différences notables, et possèdent des qualités bien distinctes qu'il est facile de saisir à la simple lecture des procédés opératoires spécifiés aux pages indiquées ci-dessus.

CHAPITRE VII.

Papier albuminé des praticiens.

Nous donnons à ce papier la dénomination de *papier des praticiens* en raison de son adoption par les photographes qui font sur une très-grande échelle l'impression des positives. Tels d'entre eux livrent annuellement au commerce pour quelques centaines de mille francs d'épreuves à bon marché, toujours bien réussies, et venues sur ce papier.

L'inconstance bien connue de l'albumine étendue sur le papier nous faisait, comme à tant d'autres manipulateurs, subir ses graves conséquences. Souvent notre papier de nouvelle date préparé dans les mêmes conditions, avec les mêmes substances et avec le même soin que notre papier plus ancien trouvé excellent, était jugé détestable. Ce sont les reproches, les réclamations et surtout les observations judicieuses et raisonnées d'un des clients dont nous parlons qui nous ont fait mettre le doigt sur le mal. Du moment que la cause de ce mal nous était connue, et le remède par là même indiqué, l'application devenait facile. C'est ainsi que nous avons été mis à même de vaincre les effets fâcheux d'une substance variable dans sa nature, et que nous pouvons aujourd'hui répondre de la qualité toujours égale et certaine de notre papier. Aussi, depuis ce moment, nous avons entendu les éloges succéder aux plaintes, et nous avons vu la consommation du papier augmenter et grandir.

Ce papier est remarquable par la rapidité avec laquelle il acquiert la sensibilité sur le bain d'argent. Une minute de contact avec le liquide sensibilisateur est plus que suffisante pour la lui donner entière et complète.

Avec deux cuvettes garnies de liquide argentifère, l'opérateur peut immerger, relever et étendre les feuilles sans interruption et sans perte de temps ; le temps d'immersion de la feuille posée sur le bain se trouve indiqué par celui qu'emploie l'opérateur pour mettre une autre feuille sur le liquide de la seconde cuvette. Il peut ainsi passer de l'une à l'autre, poser, relever et suspendre pour sécher, sans temps d'arrêt dans la manœuvre. Nous n'avons pas besoin d'indiquer les petites précautions à prendre pour recueillir l'excès du liquide qui coule de la feuille et facilite cet écoulement ; elles sont bien connues de nos lecteurs et indiquées d'ailleurs dans les traités de photographie.

Si la rapidité de sensibilisation de ce papier est grande, celle de l'impressionnement ne l'est pas moins. Il vire, en outre, avec une facilité sans égale dans un bain faible de phosphate de soude et de chlorure d'or.

Ce papier, d'un brillant modéré, possède ce qu'il faut pour plaire aux amateurs et est tel que les artistes eux-mêmes le recherchent.

CHAPITRE VIII.

Papier encollé à l'arrow-root neutre et à l'arrow-root chloruré.

Dans le *Bulletin de la Société française de photographie,* même numéro de février que nous avons déjà cité au chapitre V, figure un autre article présentant un intérêt d'actualité assez grand pour fixer notre attention et mériter d'être cité. Nous sommes d'autant plus portés à lui donner place ici qu'il semble confirmer ce que nous disions tout à l'heure, et promettre un avenir brillant à un procédé nouveau dans lequel le papier à l'arrow-root est appelé à jouer un rôle important. Dans cet article, intitulé : *Recherches sur l'impression au moyen des sels d'urane,* par M. Cooper jeune, l'auteur exprime ses doutes relativement aux grands avantages des nouvelles épreuves obtenues par le procédé Wothly, mais il pense qu'il renferme en germe un grand nombre de modifications utiles à introduire dans les procédés opératoires actuels.

Il a expérimenté le procédé à l'uranium, mais le temps lui a manqué pour faire des expériences aussi complètes qu'il le désire. Aussi ne doit-on considérer sa note que comme une entrée en matière.

M. Cooper considère que le choix du papier est un point très-important ; c'est absolument de la qualité du papier que dépend la valeur de l'épreuve. Il a principalement employé le papier de Rives, mais il sait que les opérateurs de l'Association donnent la préférence au papier de Saxe.

La plupart des accidents qu'il a éprouvés doivent être attribués aux imperfections du papier ; les marbrures font sa désolation. Une épreuve ainsi marbrée vue par transparence démontre que chaque inégalité dans le ton correspond à une marque dans le papier, et, si l'on enlève le collodion de la feuille, on est frappé de l'imperfection de l'image que porte le papier lui-même.

La grande expérience que M. Cooper a acquise dans l'encollage des papiers pour l'impression à l'uranium, depuis trois ans qu'il s'en occupe, lui a démontré que le papier à l'arrow-root possède au plus haut degré les qualités nécessaires à l'adhérence du collodion ; il lui semble apte, plus que tout autre, à faciliter la dissociation de l'oxygène et de l'uranium sous l'action de la lumière pour donner à l'argent réduit un plus grand éclat.

La grande difficulté, selon M. Cooper, c'est de trouver

de l'arrow-root de bonne qualité. Il signale plusieurs variétés de cette matière, et les effets différents qui se produisent au refroidissement après la cuisson.

Après avoir indiqué la manière d'étendre l'arrow-root sur le papier et de laminer la feuille encollée, M. Cooper dit que la qualité du collodion a une grande influence sur le résultat de l'opération, non-seulement au point de vue de la nature de la surface, mais aussi au point de vue du caractère général de l'épreuve. Il donne la préférence au collodion peu épais, qui se sensibilise par l'introduction de 3 grammes 1/4 de nitrate d'urane par 31 centimètres cubes de ce collodion, il décante la partie supérieure et l'additionne de $0^{gr},325$ de nitrate d'argent. Dans ces conditions, la moitié seulement du sel d'argent est dissoute.

M. Cooper, après s'être livré à une série d'expériences chimiques pour vérifier la plus ou moins grande pureté du nitrate d'urane, expose que le résultat de ces expériences le porte à penser que la présence d'acide nitrique libre dans l'uranium est une des causes du ralentissement de l'impression.

Les variétés de collodion donnent autant de variétés de teintes aux épreuves ; il faut chercher le meilleur et s'arrêter à celui qui aura le mieux réussi.

Pour couvrir le papier de collodion, M. Cooper emploie une planchette munie inférieurement d'un manche. Le papier étant relevé sur ses bords, on verse le collodion sur la feuille, et l'excès est reçu dans le flacon, en évitant bien qu'il s'en répande au dos de la feuille.

Après le tirage au châssis, selon l'usage habituel, les

épreuves sont placées dans l'acide acétique étendu de trente parties d'eau pour une d'acide, et laissées dans ce mélange jusqu'à ce que les grands blancs se montrent parfaitement nets et clairs. On procède ensuite à un bon lavage, et l'opération se continue par le fixage dans une dissolution de 46 grammes de sulfocyanure d'ammoniaque pour 620 centimètres environ cubes d'eau additionné de 1/4 gramme de chlorure d'or.

Laissons parler l'auteur dans ses observations et ses conseils d'après les essais qu'il a faits et les conséquences qu'il en tire :

« 1° Il ne faut pas laisser poser trop longtemps les épreuves, excepté dans des cas très-rares ; le papier à l'arrow-root est généralement plus sensible que le papier albuminé ordinaire : la sensibilité et l'éclat sont dans un rapport exact, c'est-à-dire que plus le papier est sensible, plus l'image qui s'y produit est douce. Sans aucun doute, une épreuve par le procédé Wothly peut être imprimée en moins de temps qu'une épreuve à l'argent.

» 2° Les limites auxquelles s'arrête la puissance de ton et d'éclat sont très-grandes. Je puis affirmer avec confiance qu'aucun procédé ordinaire à l'argent ne permet de tirer d'un même cliché des effets de délicatesse et de douceur ou de vigueur aussi différents entre eux que ceux fournis par le procédé à l'urane. »

Après ce préambule nécessaire pour arriver à notre sujet principal, c'est-à-dire au papier encollé à l'arrow-root, nous disons que c'est avec juste raison que M. Cooper voit dans le choix du papier la condition essentielle de la bonne réussite ; mais nous ajoutons que la cuisson de l'arrow-root, variable avec sa qualité, n'a pas une moins grande importance. Avec certaines qualités de cette substance, le mode de cuisson proposé par M. Cooper nous semblerait impuissant à satisfaire aux exigences d'une bonne préparation, et à assurer l'adhérence parfaite de la couche de collodion à la surface encollée du papier. La même cuisson ne convient pas également aux différentes qualités d'arrow-root ; nous avons pu nous en convaincre plus d'une fois, et ce n'est souvent qu'après avoir mis à profit plusieurs essais en petit que nous avons pu nous rendre compte des difficultés à vaincre pour opérer sûrement sur de grandes quantités de papier. Nous avons pour principe de n'opérer jamais qu'avec la certitude que donnent généralement les essais comparatifs.

Quelque habitude et quelque expérience que l'on ait de ce travail, quand on est réduit à la seule ressource des mains et de quelques ustensiles plus ou moins ingénieux, on ne saurait empêcher que le contact des doigts n'intervienne souvent d'une façon fâcheuse dans l'opération. Ce serait le cas de redire ici ce que nous avons déjà dit plus d'une fois ; mais, pour ne pas être accusés de nous répéter, nous passons, nous bornant à observer que les marbrures au papier, qui font la désolation des photographes en général, et de M. Cooper en particulier, ne sont souvent produites que par les causes que nous signalons. *Écarter les causes pour éviter les effets*, tel est le précepte que nous mettons en pratique et que nous recommandons à l'attention du lecteur.

Le papier encollé à l'arrow-root peut recevoir une

3

foule d'applications dont l'opérateur intelligent pourra tirer parti, guidé qu'il sera par ses connaissances, son expérience et les inspirations qu'il recevra.

Après avoir étudié ce papier, et nous être livré à quelques essais, nous avons reconnu que, sensibilisé à l'uranium, il était apte à exercer une influence salutaire pour assurer la bonne venue de l'image, et lui donner une grande valeur artistique; nous signalons ici ce mérite, et donnons plus loin, au chapitre XXV, la manière de l'employer.

Outre le papier à l'arrow neutre que nous préparons, nous en avons qui est chloruré; celui sensibilisé à la manière ordinaire sur un bain d'argent qui ne dépasse pas 12 0/0, donne des résultats remarquables.

Dans le bain de virage ordinaire, or et phosphate de soude, il prend une belle teinte noire, avec l'effet de relief et de creux caractéristique de ce mode d'encollage. Le ton mat de l'épreuve obtenue perd ce qu'il a de désagréable pour certains amateurs par le simple frottement avec une étoffe de laine avant ou même après le montage. Nous préférons, quant à nous, le ton mat de l'épreuve non frottée, qui a beaucoup de puissance, et rappelle, à s'y méprendre, l'effet des gravures à la manière noire.

CHAPITRE IX.

**Papier à double encollage ayant la propriété
de se dédoubler.**

Sans attacher une grande importance à ce papier
qui jusqu'ici n'a pas une application sérieuse et bien
déterminée en photographie, nous croyons cependant
utile d'en faire mention en signalant la propriété toute
particulière que possède la couche d'albumine déposée
à sa surface de se séparer facilement de son support,
emportant avec elle l'image photographique tout entière qui y a été fixée. Ce résultat s'obtient en soumet-
tant l'épreuve à l'action de l'acide sulfurique, ainsi que
l'a indiqué M. Terreil à la séance de la Société française de photographie du 10 avril 1863.

M. Terreil paraît attribuer cette propriété aux papiers
albuminés de toute espèce sans distinction de qualité, ce que nous ne nous permettrons certes pas de

contester, mais nous pouvons affirmer que le double encollage de notre papier intervient d'une façon favorable dans la séparation de l'image sur la pellicule albumineuse dont il est recouvert.

Une observation de M. Terreil vient cependant à l'appui de notre remarque, que tous les papiers albuminés ne se prêtent pas également à la séparation de l'épreuve positive qui y est fixée. C'est celle-ci :

« Si la couche sensible de l'épreuve photographique » impressionnée par la lumière ne traverse pas » l'épaisseur de la pellicule albumineuse, il est certain » qu'en séparant l'albumine du papier on doit séparer » en même temps l'épreuve elle-même. »

M. Terreil reconnaît en quelque sorte la nécessité d'une disposition préalable particulière de la couche d'albumine sur le papier.

M. Terreil dit ensuite :

« En effet, il est facile de dédoubler les épreuves » photographiques sur papier albuminé ; pour obtenir » ce résultat, il faut simplement les parcheminer de la » même manière qu'on parchemine du papier ordi- » naire, c'est-à-dire en les trempant pendant quelques » minutes dans l'acide sulfurique concentré ou dans » une dissolution très-concentrée de chlorure de zinc » et en les lavant ensuite avec beaucoup de soin. » Après cette opération l'épreuve se divise très-bien » en deux parties »

A la suite de la présentation faite par M. Terreil, M. le président fait observer les utiles applications qui peuvent résulter dans l'avenir de cette découverte.

CHAPITRE X.

**Papier encollé à la gélatine pour transport du collodion
et autres procédés.**

Tous les opérateurs qui ont eu occasion d'utiliser la
gélatine en photographie savent la difficulté que présente cette substance quand il s'agit de l'appliquer en
couches régulières sur la surface du papier. Cette difficulté, que l'on a peine à vaincre par les opérations
manuelles ordinaires, nous nous en rendons facilement
maîtres par des procédés mécaniques. Aussi parvenons-
nous à livrer au commerce un papier excellent pour
le transport du collodion de la glace sur le papier;
et, parce que la réussite de l'opération du transport
dépend absolument de la régularité de la couche reçue
par le papier, celui que nous préparons satisfait le
plus parfaitement possible à cette condition essentielle
de régularité et permet d'opérer presque à coup sûr.

La couche de gélatine étendue à la surface du papier se prête à un grand nombre d'applications en photographie. Nous venons de signaler la première. La seconde, non moins importante, consiste, après qu'on a chloruré rapidement sur un bain froid la couche de gélatine, pour ne pas lui laisser le temps de se dissoudre, à sensibiliser ce papier, selon l'usage, pour en tirer des épreuves positives qui sont généralement d'une grande finesse et d'une grande beauté; et si l'on ajoute un peu d'albumine à l'eau chlorurée, on obtient des épreuves d'une vigueur extraordinaire. Les amateurs de papier anglais pour la photographie trouveront dans le papier ainsi encollé toutes les qualités du papier photographique anglais, moins les inconvénients. Veut-on utiliser ce papier pour le procédé négatif? Rien de plus simple : au lieu de le passer dans un bain chloruré, on pose la feuille sur une solution aqueuse et froide d'ioduré le temps juste nécessaire pour imbiber la couche gélatineuse sans la dissoudre; ou bien on peut encore la faire plonger complétement et la laisser quinze minutes dans la liqueur iodurée de l'alcool, 100 grammes; iodure de potassium ou autre, peu importe, 2 grammes. Le papier séché, sensibilisé et exposé dans la chambre noire pour développer ensuite l'image dans un bain d'acide gallique, la donne belle, fine et avec de grands détails.

Une quatrième application très-intéressante du papier gélatiné consiste à le faire servir au transport et au redressement de l'image photographique au charbon en la faisant impressionner à travers son épaisseur, procédé opératoire défini et nettement formulé à la page 25 de ces notes.

Une cinquième application, qui n'a pas moins d'importance que celles qui précèdent, a pour point de départ la propriété que possède la couche de gélatine, après avoir été étendue sur une solution froide de bichromate alcalin et séchée, de s'oxyder sous l'influence de la lumière et de se prêter à l'impression photographique à l'encre grasse. Laissons M. Poitevin décrire lui-même ce procédé, mais auparavant, disons ce que nous entendons par solution froide. Il est évident que dans les temps de grande chaleur et même de chaleur modérée, les liquides eux-mêmes sont à une température assez élevée pour dissoudre la couche de gélatine sur le papier, il faut donc dans ce cas avoir recours à un refroidissement factice du liquide sensibilisateur, soit en le faisant séjourner quelque temps à la cave ou bien en l'entourant de glace.

Revenons à M. Poitevin, décrivant lui-même son procédé :

« En appliquant au tampon de l'encre grasse celle
» de l'imprimerie, par exemple, sur la surface entière
» des feuilles de papier préparées, comme il vient
» d'être dit, avec les matières organiques additionnées
» d'un bichromate alcalin quelconque, mais sans mé-
» lange de corps colorants, et après l'action partielle
» de la lumière à travers le cliché, je constatai que
» l'encre grasse ne restait adhérente qu'aux parties
» devenues insolubles, et par conséquent, lorsqu'on en
» venait au lavage dans l'eau, la surface présentait un

» dessin assez parfait pour que plusieurs épreuves ob-
» tenues par ce procédé aient été admises à l'Exposi-
» tion universelle de 1855. »

S'il nous est permis d'ajouter quelque chose à cette description, nous dirons que c'est le noir de bougie délayé dans du vernis à la térébenthine qui nous semble convenable pour cette opération, et que c'est le vernis anglais connu sous la dénomination *Crystal varnish* qui nous paraît devoir convenir pour atteindre le but désiré. Le noir fait avec ce vernis s'étend parfaitement avec les pinceaux spécialement fabriqués pour les bordeurs de papier de deuil, ou mieux encore, le noir employé par les imprimeurs en taille-douce.

CHAPITRE XI.

De tous les procédés négatifs, celui au papier est le plus simple, le plus facile et le plus constant : il a l'avantage, très-important pour les touristes, d'alléger considérablement le bagage photographique ; les épreuves positives qu'il procure ont d'ailleurs le mérite d'un grand effet artistique. Comment se fait-il donc qu'un procédé si facile dans la pratique et si remarquable dans ses résultats soit si peu usité ? C'est, il faut bien le reconnaître, parce que l'on trouve dans le collodion la rapidité et la finesse qui manquent au papier. On voudrait que, sans rien perdre de ses qualités essentielles, le papier possédât aussi celles du collodion humide. Poser ce problème difficile, n'est-ce pas se montrer trop exigeant ? Et cependant nous avons osé en chercher la solution dans l'alliance du papier avec le collodion.

Le collodion incorporé au papier constitue un produit mixte qui réalise en partie les désirs des photographes sous le rapport de la finesse; en même temps qu'il les satisfait jusqu'à un certain point sous le rapport de la rapidité. Nous pouvons même dire qu'à ce second point de vue, il ne laisse plus rien à envier au collodion. Il partage, en outre, l'avantage qu'a le papier ciré de se conserver pendant plusieurs jours à l'état sensibilisé sans rien perdre de ses qualités. On l'emploie sec ou humide, selon le genre d'opération que l'on veut faire; c'est à l'état sec qu'il faut l'employer pour les vues pittoresques, et généralement pour tout ce qui se fait loin de l'atelier; mais quand il s'agit de la nature vivante et d'objets qui exigent une pose courte, c'est au procédé humide qu'il faut avoir recours.

Les deux manières ne diffèrent l'une de l'autre qu'en ce qu'avec la première il faut bien laver le papier au sortir du bain d'acéto-nitrate d'argent, tandis qu'avec la seconde il faut seulement éponger entre deux feuilles de papier buvard, et placer le papier encore humide entre deux glaces, dans le châssis; rien n'est changé, du reste, à la manière connue d'opérer avec le papier sec pour le développement et le fixage; mais, comme l'épreuve manque de transparence, il est nécessaire de la cirer.

Pour cirer l'épreuve, on l'étend sur une plaque de fer chaud. On passe dessus la cire qui se fond et pénètre le papier en lui donnant de la transparence; mais il reste un excès de cire qu'il faut enlever. On place l'épreuve entre deux feuilles de papier buvard, et, au moyen d'un fer à repasser chaud que l'on appuie dessus à plusieurs reprises, on fait refondre la cire dont l'excès reste adhérent au papier buvard. Le fer à repasser peut, au besoin, remplacer la plaque de fer polie pour étendre la cire ; mais l'on comprend qu'il faut qu'il soit tourné la poignée en dessous, et que, si l'épreuve est de grande dimension, il faut la promener dessus de long en large pour la pénétrer de cire sur toute sa surface.

L'épreuve négative cirée est prête à servir comme cliché pour l'impression des épreuves positives dans le châssis.

CHAPITRE XII.

Papier encollé à la cire en fusion et à la cire dissoute dans la térébenthine pour procédés négatifs.

L'encollage du papier par la cire en fusion est une des opérations photographiques les plus minutieuses ; il n'est possible de bien réussir qu'avec les soins les plus attentifs, une grande habitude et surtout un aménagement convenable ; et comme généralement les photographes de profession, et à plus forte raison les photographes amateurs, ne sont pas en mesure de faire établir des fourneaux, des récipients à vapeur, des bassines, etc., pour se livrer ensuite à la manœuvre pénible du cirage et du décirage, il faut bien qu'ils demandent aux spécialités le papier tout ciré dont ils ont besoin ; c'est le moyen le plus simple, le plus facile, le plus sûr et le plus économique.

Il est cependant quelques photographes sévères qui, ne croyant bien fait que ce qu'ils font eux-mêmes, se condamnent encore aujourd'hui à ces travaux fatigants et désagréables ; c'est de leur part, qu'ils nous permettent de leur dire, un peu de prévention et beaucoup d'amour-propre. Quelle que soit l'adresse d'une personne qui ne fait qu'accidentellement un travail, elle ne fera jamais aussi bien que celle qui s'en occupe constamment, qui y est rompue et exercée de longue main ; c'est comme si chacun voulait faire ses habits ou son chapeau avec la prétention de réussir aussi bien que les gens du métier.

Le travail de l'ioduration du papier ciré suffit certes à exercer la patience et l'activité de l'amateur, et nous ne comprendrions point qu'il voulût se fourvoyer dans l'opération difficile du cirage.

Ce travail du cirage se fait dans nos ateliers avec une si grande facilité, par le fait même de l'organisation du matériel, que les doigts de l'ouvrier ne touchent même pas au papier sans fin ; il se déroule lentement et à sa volonté, il passe dans la cire en fusion, cède immédiatement l'excès de cire qui le couvre encore, et se trouve prêt à être livré à la consommation, soit en feuilles, soit en rouleaux de 10, 20, 30 mètres, au choix de l'acheteur.

Il est un autre système d'encollage du papier à la cire mis aussi en pratique dans nos ateliers, c'est celui de la cire dissoute dans la térébenthine. Quoiqu'en réalité plus facile que la première, cette opération reste entourée de quelques difficultés quand on veut l'exécuter à la main ; il faut, dans ce cas, sacrifier la partie de la feuille par laquelle se fait l'écoulement du liquide quand on l'a mis à sécher, parce que la partie inférieure de la feuille est plus chargée de cire que la partie supérieure : dans notre manière d'opérer, nous évitons cet inconvénient.

Le papier térébenthino-ciré, quand il est ioduré sur un bain d'albumine additionné d'iodure de potassium, 2 grammes de ce sel pour 100 grammes d'albumine, donne des épreuves d'une finesse remarquable ; l'albumine, cependant, a pour effet d'apporter un peu de ralentissement à l'impressionnement du papier dans la chambre noire, mais on gagne en finesse ce que l'on perd en rapidité. Si l'on désire le contraire, il faut avoir recours à la solution aqueuse d'iodure, et immerger complétement le papier térébenthino-ciré dans ce bain. On est dispensé de recourir à des procédés particuliers pour sensibiliser ce papier, ainsi que pour développer et fixer l'image.

Les papiers pour lesquels nous n'indiquons pas de manipulations spéciales, peuvent se soumettre aux traitements ordinaires indiqués dans les traités ou pratiqués par chacun.

CHAPITRE XIII.

Papier positif sensibilisé.

L'appareil conservateur des papiers sensibilisés, complément de la précieuse découverte de MM. Davanne et Girard, que nous avons imaginé et fait breveter en 1860, a comblé une lacune dans le domaine de la photographie, en fournissant à tous le plus sûr moyen de garder indéfiniment dans un état de parfaite conservation les papiers sensibles, et à nous-mêmes la faculté d'en avoir constamment en magasin à la disposition des acheteurs. Nous avons lieu de nous féliciter de cette heureuse innovation, et nous resterons plus fidèles que jamais à une pratique qui rend chaque jour des services importants aux nombreux amateurs de photographie, dispensés désormais de l'opération la plus ennuyeuse et la plus fastidieuse, celle qui laisse aux mains et aux vêtements les taches indélébiles de nitrate d'argent, et qui se traduit souvent par l'insuccès presque inévitable qu'amène le manque d'ustensiles ou d'aménagements convenables. Il y a une foule de cas où le photographe-amateur trouve avantage et économie à se pourvoir de papier prêt à subir l'insolation, et non-seulement de papier positif, toujours prêt à être livré, mais aussi de papier négatif que nous préparons sur commande.

Si notre papier positif sensibilisé est d'un grand secours aux amateurs, il y a mille circonstances où les praticiens sont heureux de pouvoir recourir à ce moyen commode, peu embarrassant et souvent très-économique.

L'opération de la sensibilisation, comme toutes les autres, se fait en grand, avec un soin extrême, dans nos ateliers de Courbevoie : le papier qui en sort offre toutes les garanties de réussite que l'on peut désirer.

Nous en faisons des expéditions pour tous pays, et les emballages conservateurs que nous employons à cet effet, offrent une garantie plus que suffisante, quelles que soient la longueur et la durée du voyage.

Il est bon toutefois, quand on reçoit ce papier, si l'on ne l'emploie pas de suite, d'avoir un appareil pour le serrer, car l'emballage, une fois ouvert, perd ses propriétés conservatrices.

CHAPITRE XIV.

**Procédé de Photographie au charbon. — Papiers préparés
par moyens mécaniques brevetés.**

Les épreuves photographiques obtenues avec des sels
d'argent ont atteint aujourd'hui un tel degré de perfection, qu'il n'est plus guère permis d'espérer mieux ;
mais, malheureusement, quelque attention que l'artiste
apporte à la production des images sur papier par les
procédés ayant pour base l'argent, il n'a pas de garanties
réelles de leur durée. Les causes de destruction étant
indépendantes de sa volonté, son plus grand soin ne
saurait y porter remède : il est exposé à voir, au bout
d'un temps plus ou moins long, ses épreuves s'altérer,
jaunir, passer ; et chose bizarre, d'autres épreuves
faites dans les mêmes conditions, avec le même soin,.
sont au bout de plusieurs années presque aussi belles

que le premier jour. Il résulte de ces effets extraordi-
naires et fâcheux que rien ne saurait rassurer complétement sur la durée des épreuves aux sels d'argent,
et que leur conservation, en la supposant prolongée,
ne saurait satisfaire l'amateur, ni tenir lieu de la conservation indéfinie.

On comprend qu'en présence de pareils inconvénients,
il se trouve nombre d'amateurs, artistes, chimistes et
hommes spéciaux, qui vouent leurs travaux et dirigent
leurs recherches vers un procédé pratique de photographie qui offre des garanties de solidité et de durée.

Le procédé au charbon, depuis longtemps préconisé,
reconnu par la science comme devant présenter les garanties de stabilité tant recherchées, est cependant
resté ce qu'il était à son origine, c'est-à-dire presque
à l'état de théorie. Si quelques opérateurs d'élite ont,
à force de soins, obtenu des épreuves presque irrépro-
chables, aucun n'a su encore amener le procédé à
l'état pratique.

La cause de cet état stationnaire du procédé nous
paraît toute simple : c'est, selon nous, parce qu'il faut
que l'opérateur sorte des habitudes qu'il a prises, et
qu'en dehors de ce qui existe aujourd'hui pour le procédé à l'argent, il commence les opérations au charbon
par ce qu'il y a de plus fastidieux en photographie, la
préparation du papier, opération préliminaire qui demande une grande patience, une attention soutenue et
une foule de soins auxquels plusieurs mains exercées à
ces sortes de travaux auraient peine à suffire. Il n'y a
qu'une mécanique intelligente qui soit capable, dans ses

mouvements combinés et sa marche régulière, de parer
à toutes les difficultés de cette opération. Pénétrés de
cette idée et guidés d'ailleurs par nos précédents travaux de préparation mécanique à l'albumine, à l'arrow-
root et au ferro-prussiate, nous nous sommes mis à
l'œuvre pour la préparation d'un bon papier gélatiné,
coloré en noir. Après bien des essais, et des tâtonnements plus ou moins heureux, mais dont chacun avait
sa valeur et son point lumineux pour nous guider, nous
sommes enfin parvenus à obtenir un papier au charbon
égal, régulier, continu, que nous pouvons dire irréprochable et qui se conserve parfaitement bien ; enfin,
nous avons fait tout ce qu'il était en notre pouvoir
pour vulgariser et rendre pratique un procédé excellent, hérissé de difficultés et cependant plein d'avenir.

L'état stationnaire du procédé a peut-être eu aussi
pour causes les entraves occasionnées par les priviléges
que la loi accorde. Aujourd'hui, toute difficulté est levée
pour qui veut faire une minime dépense. M. Despaquis,
sous-cessionnaire du brevet de M. Poitevin, accorde des
licences aux photographes désireux d'exploiter commercialement le procédé, et ils trouvent chez nous du papier excellent, offrant toutes les garanties de réussite
possible.

Une foule de procédés au charbon se sont produits
presque en même temps, dans différents pays, sous
différents noms et sous différentes formes ; mais pour
être justes et rendre hommage à la vérité, nous devons
dire que la source commune et première de tous ces
procédés est celui de M. Poitevin. C'est M. Poitevin

qui le premier a découvert qu'un mélange de matières organiques et d'un bichromate, après avoir été exposé à la lumière, pouvait donner une image, et que si l'on ajoutait une poudre colorante à la matière organique bichromatée, on obtenait une image de la couleur de cette poudre; c'est lui qui le premier a posé en principe que, si dans la gélatine on introduisait une substance inaltérable telle que le carbone, le résultat serait que l'on obtiendrait une image inaltérable qui devrait durer autant que le papier qui la supporte. Dès le mois d'août 1855, M. Poitevin déposait à la préfecture de la Seine un mémoire descriptif de ce procédé.

Nous tenons à faire cette déclaration afin de laisser toute la gloire de l'invention à qui de droit, et remercier en même temps M. Poitevin de nous avoir indiqué la voie et préparé les moyens. Si nous avons puisé à la source qu'il a fait jaillir, c'est pour en faire profiter les Français autorisés à exercer légalement son procédé, ainsi que les étrangers de tous pays où le monopole n'existe pas. Les brevets pris en Angleterre et en Belgique ont depuis longtemps cessé d'être valables faute de l'acquittement des redevances annuelles ou des droits définitifs.

Voici au reste comment s'exprime M. Poitevin sur les opérateurs français et étrangers qui ont su tirer parti de son procédé, en mettant aussi à profit le programme du savant président de la Société française de photographie qui signalait l'emploi du charbon comme étant la substance la plus inaltérable, la seule qui eût fait ses preuves et que l'on devait, par conséquent, désirer voir employer pour obtenir des images par le nouveau procédé.

« Je félicite les auteurs de ces applications plus ou moins récentes de mes procédés ; cela prouve assez, Dieu merci, en faveur de l'utilité de mes découvertes, puisqu'il n'a fallu que de légers tours de main pour en tirer parti sous diverses formes, ce que ne peut presque jamais faire un inventeur sérieux, généralement plus occupé de la découverte et du perfectionnement de la chose principale que des applications minutieuses et purement mécaniques que l'on peut faire de son œuvre, et qui ne peuvent en tout cas constituer que des additions à cette découverte. »

M. Poitevin dit encore, chapitre XII de son *Traité de l'impression photographique sans sels d'argent :*

« En photographie, une méthode est l'emploi, dans un sens déterminé, d'une ou de plusieurs réactions chimiques effectuées par la lumière sur un composé ou sur un mélange de divers corps soumis à son action ; et un procédé est l'ensemble des opérations des tours de main dont l'auteur de la méthode, ou bien les opérateurs qui la suivent ensuite, se servent pour arriver plus sûrement, ou d'une manière plus parfaite au but désiré.

» Une méthode étant indiquée peut donc donner lieu à un très-grand nombre de procédés, non qu'ils soient nouveaux pour cela, mais qualifiés ainsi, en photographie surtout ; et l'on pourrait même dire avec raison que chaque opérateur, appliquant une méthode, se crée un procédé par les tours de main plus ou moins heureux qu'il imagine. »

M. Poitevin, près de qui nous avons trouvé une bien-
veillance infinie pour les renseignements dont nous
avions besoin, pour la publication de ces notes et pour
la préparation du papier gélatiné coloré, a bien voulu
nous donner ses conseils. Il est d'avis qu'il ne faut pas
introduire le bichromate dans la gélatine, parce que la
réaction qui se produit dans la combinaison de la matière organique bichromatée, après quelques jours de
préparation, a pour effet de l'altérer et de nuire à la
propriété qu'elle possède de s'insolubiliser sous l'action
de la lumière. C'est dirigés dans ce sens, que nous
avons renoncé à notre première idée d'avoir du papier
noir tout sensibilisé.

Les essais que nous avons faits des deux procédés
opératoires, bichromate introduit dans la gélatine avant
de l'étendre sur le papier, ou solution de bichromate
étendue sur la couche de gélatine colorée, sont, du
reste, tout à l'avantage du second.

Le papier au charbon que nous préparons d'après
notre méthode mécanique brevetée, n'est donc pas
entièrement pourvu des éléments sensibles ; il faut que
l'opérateur le pénètre de bichromate de potasse ou
d'ammoniaque. Ce sel uni à la gélatine dont le papier
est enduit par nos soins, se transforme sous l'influence
des rayons lumineux en un composé insoluble à base
d'oxyde de chrome qui donne naissance à l'image sous
le cliché.

Ce que l'opérateur a à faire consiste à verser dans
une cuvette, après l'avoir filtrée, une solution de
1 1/2 gramme de bichromate de potasse ou d'ammo-

niaque pour 100 grammes d'eau distillée, à faire flotter pendant 25 à 30 secondes la feuille gélatinée, par sa surface colorée, contre le liquide. Ce temps suffit généralement pour pénétrer la gélatine sans causer sa dissolution sur le bain froid. Par une température trop élevée, il faudrait mettre le bain rafraîchir à la cave, ou l'entourer de glace.

Après avoir été étendu et séché, le papier est prêt pour l'impression.

Le bichromate de potasse étant d'un prix bien inférieur au bichromate d'ammoniaque et ne présentant pas, d'ailleurs, de différence sensible dans les résultats, on doit naturellement donner la préférence au premier de ces produits, si l'on doit se servir du papier dans un court délai ; mais si l'on devait en préparer une provision qui dût durer longtemps, on ferait bien, alors, d'avoir recours au bichromate d'ammoniaque, moins susceptible que l'autre de s'altérer dans son union à la gélatine sur la couche colorée du papier.

Il y a plusieurs manières de procéder au tirage des positifs avec le papier au charbon. Nous allons passer en revue les principales, dire notre opinion sur chacune, en apprécier le mérite, et dire ce qui nous semble le plus exécutable dans la pratique avec les papiers que nous préparons.

On met au châssis, sous un négatif, la couche colorée du papier contre ledit négatif. Il est difficile de préciser le temps que doit durer la pose ; elle varie selon l'intensité de la lumière et la transparence du cliché. Généralement, elle est quatre fois plus courte qu'avec du papier aux sels d'argent ; mais comme on n'est pas guidé par la coloration du papier sous l'action de la lumière, il faut suppléer à ce défaut par l'exposition d'une bande de papier bichromaté, qui, ayant atteint une teinte brune sous les rayons lumineux, sera remplacée par une seconde bande qui, brunie à son tour sous la même influence, donnera le temps de pose juste convenable. Ceci fait pour la première épreuve donne la mesure du temps pour les autres.

On rentre au laboratoire pour retirer l'épreuve du châssis, on la plonge dans l'eau chaude, et, la main armée d'un pinceau plat et doux, on la tient appliquée au fond de la cuvette pendant que de l'autre main, munie aussi d'un pinceau de même nature, on frotte légèrement sur la surface noire du papier : la gélatine restée soluble dans les parties non attaquées par la lumière est entraînée par l'eau, tandis que les autres parties en retiennent des quantités proportionnelles à la quantité de lumière qui a traversé le cliché. Inutile d'avoir recours à l'eau acidulée comme on l'indique ailleurs ; un second passage à l'eau pure suffit à nettoyer complétement l'image, qui alors est terminée et parfaitement fixée. Les épreuves ainsi obtenues ont le mérite inappréciable d'être d'une inaltérabilité parfaite.

Le papier tel que nous le préparons aujourd'hui, se développe plus facilement que celui que nous préparions au début de nos travaux. Voici donc comment on doit maintenant procéder à l'opération du développement de l'image. Après une première immersion, rejeter l'eau chargée de noir, laisser l'épreuve appliquée au fond de

la cuvette et verser dessus, d'un peu plus haut, d'autre
eau chaude. Le noir est facilement entraîné, et il est
rare que l'on soit obligé d'employer le pinceau pour le
détacher; si cependant on est obligé d'y avoir recours,
ce n'est que pour le passer légèrement sur les parties
du dessin mal nettoyées.

M. l'abbé Arrouis donne une autre manière d'exposer
à la lumière. Au lieu que ce soit le côté noir du papier
qui soit mis en contact avec le cliché, c'est l'envers
de la feuille qui lui fait face, la couche sensible ne devant
être attaquée qu'au travers de l'épaisseur du papier.

Voici la raison que M. l'abbé Arrouis donne en faveur de cette manière d'opérer :

« Ce que l'on reproche surtout aux photographies au
charbon, c'est la dureté des blancs occasionnés par le
manque de demi-teintes, et ce sera toujours leur défaut,
tant qu'on s'en tiendra à l'ancienne méthode d'opérer,
c'est-à-dire tant que la couche de gélatine bichromatée
recevra directement l'impression de la lumière. On aura
sans doute les grands noirs, parce que la gélatine a été
impressionnée jusqu'au papier, et est devenue entièrement insoluble; mais dans les demi-teintes, la surface
seule de la couche est attaquée; au-dessous, il se trouve
une autre couche que la lumière n'a pas modifiée, et qui,
par conséquent, reste soluble. Lorsqu'on voudra dégager
l'image et la faire apparaître, cette partie soluble se dis-
soudra dans l'eau et entraînera avec elle les demi-
teintes qui n'auront plus de supports.

» Lorsque l'on impressionne au travers de l'épaisseur
du papier, cet écueil est évité. La portion attaquée par

la lumière ne se trouve plus être la surface, mais le dessous de la couche. Dans les demi-teintes, la partie restée soluble, se trouvant en dessus, est emportée par les lavages sans détruire la couche inférieure adhérente au papier, en sorte que si l'exposition à la lumière a été suffisante au développement, l'image viendra avec toutes les dégradations de teintes qu'on peut attendre du cliché. »

Cette explication est rationnelle sans doute et repose sur un principe vrai, tant qu'il s'agit d'un papier préparé selon les formules connues, et par la seule ressource des mains armées d'un pinceau ou de tout autre instrument capable d'étendre plus ou moins également la couleur ; mais avec notre formule et les ressources mécaniques dont nous disposons, nous obtenons un papier d'une teinte assez peu foncée pour laisser passage à la lumière dans des proportions convenables, ayant la propriété de se foncer sous son action et de se modeler selon les teintes du cliché.

Avec ce papier, on expose à la manière ordinaire la couche sensible contre le négatif, et l'on n'a pas, comme avec le procédé indiqué par M. l'abbé Arrouis, une image renversée.

Nous soumettrons une épreuve positive au charbon, obtenue avec notre papier, aux personnes qui en feront la demande. Elles ne pourront en méconnaître le mérite, et elles auront la mesure des résultats que l'on peut attendre de ce procédé quand il aura été étudié et médité par la foule de savants et de praticiens habiles qui ont déjà fait progresser l'art dans les autres parties.

Le procédé au charbon doit être d'un puissant secours et d'une grande efficacité pour les agrandissements; car, si l'on se rend compte de la lenteur avec laquelle fonctionne l'appareil amplifiant et la difficulté de maniement des grandes épreuves, on reconnaîtra la nécessité d'avoir recours à un papier rapide à s'impressionner et qui n'ait pas à passer par une longue série d'opérations pour obtenir le développement de l'image. Le papier gélatino-bichromaté réunit ces conditions à un haut degré; il est quatre fois plus rapide à s'impressionner que le papier aux sels d'argent, et l'unique, simple et facile opération de lavage à l'eau chaude pour faire apparaître l'image et la fixer est un moyen pratique des plus simples et des plus commodes: nul procédé ne peut donc mieux remplir les conditions d'une bonne réussite pour les agrandissements que le procédé au charbon.

Qui voudrait, d'ailleurs, faire les frais d'un portrait de grande dimension, d'un prix élevé, s'il n'avait des garanties réelles contre la destruction? Et comme l'altération inévitable des épreuves aux sels d'argent est souvent déterminée par un lavage imparfait, les grandes épreuves y sont exposées plus que d'autres, à cause de la difficulté croissante de cette opération, en raison de la dimension de l'image. On donnera donc la préférence, il n'en faut pas douter, au procédé qui offre des garanties réelles de solidité. Quels sacrifices, en effet, ne ferait-on pas pour s'assurer l'inaltérabilité parfaite d'un grand portrait destiné à se transmettre de génération en génération!

Si le procédé au charbon laissait quelques imperfections de détail sur l'épreuve obtenue, on aurait toujours la ressource du pinceau pour y remédier ; et, par sa nature, il se prête à la retouche mieux que le procédé à l'argent, qui ne s'en fait pas faute, surtout pour les amplifications.

Si nous conseillons à nos lecteurs l'emploi du papier gélatino-bichromaté à couche noire légère, s'impressionnant au recto de la feuille, c'est parce qu'entre nos mains il a mieux réussi que celui d'un noir intense, s'impressionnant au verso, tel que le conseille M. l'abbé Arrouis. Mais les artistes feront bien de se rendre compte, par des essais comparatifs, en s'inspirant de leurs connaissances acquises et de leur expérience, en faisant usage de toutes les ressources de leur imagination ; car, dans ce procédé, plus que dans tout autre, les tours de main nous paraissent appelés à jouer un rôle important. C'est pour donner toutes facilités aux opérateurs que nous avons résolu d'avoir des papiers pour les méthodes différentes d'impression. Nous en signalons trois bien distinctes l'une de l'autre.

Nous serons heureux d'avoir l'avis des opérateurs sur la valeur de chaque espèce de papier gélatino-coloré que nous préparons ; les observations qu'ils voudront bien nous faire, nous aideront à les perfectionner, si c'est possible. Tous nos efforts tendront à la production d'un papier qui, en simplifiant les opérations, rende pratique un procédé déjà ancien, qui eut un grand retentissement à son apparition, en 1855, mais qui, entouré d'entraves et hérissé de difficultés, fut bientôt mis dans l'oubli. C'est après avoir sommeillé pendant dix ans qu'il se réveille aujourd'hui pour paraître de nouveau, soutenu dans la voie qui lui est ouverte par l'auxiliaire d'un papier capable d'aider à son triomphe.

On sait qu'en attaquant la couche sensible en dessous, ainsi que l'indique M. l'abbé Arrouis, l'image est retournée, et qu'il faut un cliché fait exprès pour qu'il n'en soit pas ainsi. On sait également que, dans ce cas, pour avoir une image positive, dans son sens véritable, c'est le cliché lui-même qui doit être renversé; et que pour avoir un cliché renversé il faut attaquer, dans la chambre noire, la couche de collodion en dessous, les rayons lumineux devant traverser l'épaisseur de la glace. Dans ce cas, on se sert avec avantage d'un châssis négatif à papier sec, disposé de telle sorte que le foyer soit en arrière de la glace, au lieu d'être en avant comme dans les châssis négatifs pour collodion.

A l'occasion de cette image retournée, il est bon de signaler les portefeuilles préservateurs de notre invention, imaginés d'abord pour le procédé au papier sec et perfectionnés depuis pour leur application aux glaces collodionnées procédé sec, ou aux glaces albuminées, à volonté.

Au moyen de ces préservateurs, plusieurs glaces collodionnées, ou albuminées, et sensibilisées, emportées dans une excursion, protégées par nos portefeuilles, peuvent être changées dans le châssis en pleine lumière, sans que la couche sensible subisse la moindre altération. Le châssis est, bien entendu, disposé à cet effet, et sa disposition est telle que la couche sensible sur la

glace étant placée en face de l'objectif ou en face de l'opérateur, l'image vient, d'une façon comme·de l'autre,
avec la même netteté ; il y a seulement une différence
à observer pour la mise au point, selon que l'on veut
avoir un cliché renversé ou dans son sens naturel.

Un négatif ordinaire est toujours renversé ; le positif
obtenu avec un tel cliché donne une image redressée
quand on opère selon l'usage commun ; mais si avec ce
même cliché on impressionne au travers de l'épaisseur
du papier, on a une image positive renversée : on comprend dès lors la nécessité d'opérer différemment quand
il s'agit d'un cliché destiné à impressionner les feuilles
sensibles par leur verso. Nous donnons plus loin cette
manière d'opérer avec le châssis et les préservateurs
Marion.

Pour que les deux méthodes d'impression des positifs
au charbon puissent être pratiquées dans les conditions
les plus favorables à chacune d'elles, nous préparons
deux espèces de papiers, l'une à couche noire, légère et
transparente, noircissant sous l'influence de la lumière :
c'est celle destinée à l'impression directe par la face
sensibilisée ; l'autre à couche noire, intense, papier aussi
mince que possible : c'est celle consacrée à l'impression
au travers de son épaisseur, c'est-à-dire le papier devant être appliqué, dans le châssis, la face blanche
contre le cliché. Ce même papier peut aussi servir pour
la pratique d'un autre système d'impression que nous
indiquons également.

Quoi qu'il en soit, que l'on attaque la couche sensible
au recto ou au verso de la feuille, le développement se

fait toujours de la même façon et tel que nous l'avons indiqué plus haut, page 58, mais le troisième système exige une opération préliminaire dont il sera parlé en son lieu.

On peut, ainsi que nous l'avons déjà dit, tirer un parti avantageux du procédé au charbon pour les agrandissements; nul même ne peut mieux remplir que celui-ci les conditions d'une bonne réussite, tant à cause de l'extrême sensibilité du papier gélatino-bichromaté, qu'à cause de la facilité remarquable d'exécution et le peu d'embarras relatif qu'il donne. Disons en outre qu'avec le système amplifiant il n'est pas nécessaire d'avoir un cliché spécialement fait pour l'impression au travers de l'épaisseur du papier; il ne s'agit que de placer convenablement le négatif dans l'appareil amplifiant; car il n'y a pas avec celui-ci, comme avec le châssis positif, à redouter le flou de l'image positive, par l'interposition de l'épaisseur de la glace du cliché entre celui-ci et le papier sensible destiné à l'impression. On comprend dès lors que toute liberté est donnée à l'opérateur sur le mode de placement du cliché dans l'appareil, pour la plus convenable impression par grossissement, selon le système employé.

L'amplification des épreuves appliquées à la photographie pittoresque offre un champ vaste à explorer. Nous recommandons pour cet usage l'ingénieux appareil de M. Bertsch : c'est une petite chambre noire en cuivre qui mesure 10 centimètres carrés; elle est au point pour toutes les distances à partir de neuf à dix pas jusqu'à l'horizon, sans qu'on ait jamais à y toucher;

l'image réfractée au foyer sur une glace de 6 centimètres carrés est d'une grande netteté et sans déformation; elle est susceptible de se laisser grossir jusqu'à 2,500 diamètres. Pour le reste des renseignements, il faut lire le savant et intéressant ouvrage de M. Bertsch.

L'amplification des épreuves est à l'ordre du jour; elle est partout l'objet d'études suivies, car partout on comprend les avantages sérieux qui doivent résulter un jour de cette nouvelle et féconde application de l'optique à la photographie, qui rendrait inaltérables les portraits de famille, ainsi que toutes les images auxquelles on attache de la valeur et qu'on désire conserver intactes toujours.

La Société photographique de Marseille a pris l'initiative d'un concours pour cette branche spéciale de la photographie; le concours a mis en lumière l'importante découverte de M. Van Monckhoven, et son succès dans la lutte en a été la suite.

Voici maintenant un autre procédé d'impression au charbon décrit par M. Davies.

Apres avoir indiqué la manière de préparer le papier au charbon et de l'exposer sous un cliché par le côté gélatiné, M. Davies dit :

« J'emporte le châssis dans l'obscurité, j'enlève l'épreuve et je la plonge pendant une minute seulement dans l'eau, je la secoue pour enlever l'eau en excès. Je passe rapidement dans l'eau une feuille de papier albuminé plus grande que l'épreuve, je la mets au contact de celle-ci, puis je presse le tout au moyen d'un rouleau, après avoir placé les deux feuilles sur une plaque de verre portant dessus et dessous plusieurs doubles de papier buvard. Il est essentiel au succès de ce transport de ne pas laisser entre les deux feuilles la plus petite bulle d'air, car celle-ci se traduirait sur l'épreuve terminée par la formation d'un point blanc.

» Il faut alors mouiller le dos du papier albuminé avec de l'alcool, presser de nouveau et enfin présenter pendant quelques minutes à l'action du feu. Lorsque la dessiccation est complète, les deux feuilles encore adhérentes sont immergées dans l'eau chaude ; au bout de quelques instants, la feuille qui primitivement portait l'épreuve se décolle, et si l'exposition a été convenable, l'image commence immédiatement à se développer ; si elle est lente à s'éclaircir, l'exposition a été trop prolongée, et dans ce cas on peut atténuer cet accident en projetant à sa surface, d'une hauteur de 40 centimètres, un filet d'eau qui généralement suffit à la dépouiller convenablement ; cependant, avant de faire cette opération, il faut prolonger son immersion dans l'eau chaude.

» Si l'épreuve a été tirée d'après un cliché ordinaire, elle est renversée, et si l'on désire qu'il n'en soit pas ainsi, il faut modifier un peu la manière d'opérer. Je prends alors au lieu de papier albuminé une solution étendue de gomme laque et de térébenthine de Venise dans de l'alcool méthylique, et je fais adhérer la surface impressionnée avec une feuille de papier franchement imprégnée de cette solution, passant le tout à la presse, laissant sécher, et continuant comme je l'ai dit pour le papier albuminé.

» Après développement je sature d'alcool méthylique

une feuille de papier buvard ayant les mêmes dimensions que l'épreuve; je mets cette feuille en contact avec la deuxième feuille de papier, et je laisse le tout entre deux glaces pendant un quart d'heure environ : au bout de ce temps la feuille collée sur l'image s'en détache aisément; il suffit de la frotter légèrement avec une éponge pour la rendre nette. L'épreuve est alors terminée et se présente à la vue dans son véritable sens. »

Cette manière d'opérer est, à peu de chose près, celle que nous pratiquons; elle repose sur les mêmes principes et n'en diffère que pour les tours de main, ainsi qu'on va le voir.

Sur deux cuvettes garnies d'eau pure, nous faisons flotter, sur l'une, une feuille de papier fortement albuminé, le côté opposé à la couche d'albumine en contact avec l'eau. Sur l'autre, nous faisons également flotter la feuille gélatino-bichromatée, après insolation, sous un cliché et avant développement, le côté opposé à la couche noire en contact avec l'eau. Dix minutes d'immersion suffisent généralement. Nous retirons alors la feuille de papier albuminé et nous l'étendons, sans la faire égoutter, l'albumine en dessus, sur une feuille de zinc percée de petits trous ronds, placée sur un coussin de papier buvard. Nous enlevons aussi, de dessus le liquide, la feuille gélatino-bichromatée portant l'image latente. Nous l'étendons comme l'autre feuille, le noir en dessus, sur une plaque semblable de zinc perforé, placée de même sur plusieurs doubles de papier buvard. Reprenant alors la feuille de papier albuminé, nous l'appliquons avec soin, en évitant les bulles d'air, contre la feuille noire impressionnée. Transportant ensuite les deux feuilles appliquées l'une contre l'autre sur une glace épaisse bien dressée, sur un marbre, une pierre lithographique ou tout autre objet uni et plan que nous avons sous la main, nous plaçons sur les deux feuilles réunies et fixées l'une contre l'autre, une feuille de papier blanc qui nous permet de frotter fortement avec la main, pour faire adhérer l'une à l'autre la feuille albuminée et la feuille noire.

On recommence cette opération autant de fois que l'on a de feuilles impressionnées, en les superposant jusqu'à une centaine et plus si l'on veut; il faut seulement éviter que les premières mouillées et réunies ne sèchent trop : pour ce faire, on coupe la masse. et on place celles de dessous au milieu, on presse ensuite entre les surfaces planes de deux glaces, marbre ou autre objet quelconque, en chargeant le tout d'un poids un peu lourd.

Cette opération qui paraît longue à la description se fait avec une grande rapidité, surtout si on dispose d'un nombre de cuvettes assez grand pour ne pas mettre d'interruption entre chaque immersion, ce qui est doublement avantageux, car en même temps que l'opération est activée, elle est mieux faite. Il faut, pour la bonne réussite des épreuves, que les premières comme les dernières feuilles conservent de la moiteur jusqu'au moment où , suffisamment pressées, on pourra les soumettre à l'opération suivante. Cependant, si les feuilles, après une heure ou deux de pression, conservent encore trop d'humidité, on intercalle entre elles un double de papier buvard, le temps nécessaire pour qu'au toucher elles ne présentent plus qu'un peu de moiteur.

Sur un marbre, on pose une des feuilles doublées, celle albuminée en dessus, on l'imbibe également d'alcool à 36 degrés. On superpose une autre double feuille à laquelle on fait la même opération, en continuant ainsi jusqu'à la dernière. On presse de nouveau la masse de feuilles dont le mouillage alcoolique de plusieurs heures détermine la coagulation de la couche d'albumine de chaque feuille. Après avoir fait sécher, on passe à l'opération du dédoublement des feuilles qui se pratique comme suit :

Dans une cuvette garnie d'eau chaude on fait tremper une certaine quantité de feuilles. Après quelque temps d'immersion, on retourne la masse, de façon que ce soit cette fois la feuille albuminée destinée à servir de support à l'image qui se trouve au-dessous. Prenant alors la première immergée, on l'étend encore mouillée sur un marbre pour séparer aussi délicatement que possible les deux feuilles l'une de l'autre.

Dans cette opération, la feuille noire abandonne l'image qu'elle portait encore à l'état latent, et la feuille albuminée qui s'en est emparée, étant alors dépouillée par un passage à l'eau chaude et à l'aide d'un pinceau, de l'excès de noir qui la couvre encore, l'opération est terminée.

Si l'opération est faite avec un négatif ordinaire, l'image est renversée. Pour qu'il n'en soit pas ainsi, il faut opérer avec un négatif spécialement fait pour cet usage; nous en avons indiqué le moyen à la page 63 de ces notes.

Si l'on était forcé d'opérer avec un négatif ordinaire et qu'il fallût absolument que l'image se présentât à la vue dans son véritable sens, il faudrait opérer de la façon suivante.

Au lieu de transporter l'image latente, comme nous venons de l'indiquer, sur une feuille à surface albuminée, nous la transportons sur une feuille à surface vernissée, préparée dans ce but dans nos ateliers, avec tout le soin que réclame cette opération délicate.

D'une part, nous étendons sur le bain d'eau ordinaire la feuille vernissée à son envers; d'autre part, nous en faisons autant avec la feuille gélatino-bichromatée, également à son envers. Nous réunissons l'une sur l'autre les deux feuilles, la face vernissée de l'une contre la face bichromatée de l'autre, comme nous l'avons déjà indiqué pour le transport de l'image sur paepir albuminé ; après avoir enlevé l'excès d'eau entre déux feuilles de papier buvard, nous plaçons ainsi plusieurs doubles feuilles l'une sur l'autre et nous pressons entre deux surfaces planes. Cette opération a pour but de faire tendre et allonger également les deux feuilles de même nature de pâte (notons bien cette condition) et à surfaces différentes, pour les mieux disposer au transport. Au bout d'une heure ou deux, nous retournons la masse des feuilles pressées, de façon que la feuille vernissée se trouve en dessus. Nous passons sur le dos de cette feuille une éponge imbibée d'alcool qui la pénètre et rend poisseuse la couche vernissée, capable dans cet état de happer l'image latente de la feuille bichromatée contre laquelle elle est posée. Nous superposons ainsi plusieurs doubles feuilles, nous pressons de nouveau, et au bout d'un quart d'heure nous procédons à la séparation des feuilles doublées, en commençant par les premières imbibées d'alcool. Cette séparation se fait en soulevant délicatement la feuille bichromatée, qui abandonne alors l'image à la couche poisseuse de la feuille vernissée. Par un passage à l'eau chaude, on nettoie l'épreuve, qui n'est encore que sur son support provisoire et renversée; il s'agit maintenant de lui donner un support définitif qui la redresse. Nous avons à cet effet un papier gélatiné spécial fait avec le plus grand soin.

Cette opération est, à peu de chose près, la même que celle que nous avons indiquée pour le transport de l'image sur papier albuminé, avec cette différence, qu'au lieu d'insolubiliser la couche du support définitif, c'est le contraire qu'il faut faire, c'est-à-dire dissoudre la couche du support provisoire. A cet effet, nous imbibons le dos de la feuille vernissée, d'alcool méthylique (esprit de bois). Sous son action, la feuille vernissée cesse d'adhérer la feuille gélatinée, et lui abandonne l'image. L'opération est terminée et l'épreuve rendue à son sens naturel.

Le procédé au charbon sera surtout avantageusement employé pour les reproductions des gravures, des livres anciens, des manuscrits, des autographes, et généralement de tout ce que l'on voudra reproduire photographiquement à un petit nombre d'exemplaires.

Nous donnons ci-contre des reproductions photographiques de quatre échantillons, de lithographie, typographie, gravure ancienne et écriture à la main, obtenues avec celui de nos papiers qui s'impressionne par le côté noir en une ou deux minutes de pose au soleil.

Il y a en ce moment à l'Exposition photographique, au Palais de l'Industrie, des épreuves au charbon de M. Blaise et de M. Gobert qui font l'admiration des visiteurs. Le procédé opératoire de ces artistes est décrit dans le *Bulletin de la Société française de photographie*. Voici la communication que faisait M. Blaise à la Société le 5 août 1864.

« Je prépare une dissolution de :

Eau. 100
Gélatine. 10
Bichromate. 1

» Encre de Chine en proportion nécessaire pour pro-
» duire une coloration suffisante.

» Après dissolution au bain-marie et filtrage, je verse
» ce mélange sur des glaces placées bien de niveau en
» l'étendant avec un blaireau; le lendemain, les glaces
» sont sèches et exposées sous des clichés. Le temps de
» pose est difficile à indiquer, d'une minute au soleil à
» 15 minutes à l'ombre environ.

» Pour développer l'épreuve on la plonge dans l'eau
» bouillante qui ne tarde pas à la décoller, *après toute-*
» *fois l'avoir recouverte d'une couche de collodion épais.*
» Lorsque l'image est détachée, on applique dessus une
» glace; la pellicule ainsi emprisonnée entre deux gla-
» ces est facile à *retourner;* on la replonge dans l'eau
» après avoir enlevé la glace qui portait l'image; alors,
» après un lavage à l'eau froide, destiné à enlever
» les dernières impuretés, on peut appliquer la feuille

» de papier gélatiné avec laquelle on enlève l'image,
» sans trop de difficultés : il ne reste plus qu'à faire
» égoutter cette épreuve et la faire sécher entre des
» buvards. »

Quelques mois plus tard, M. Blaise, pour remplir la promesse qu'il avait faite à la Société, lui adressait deux grandes épreuves, en faisant constater que, quoique coloriées au charbon, elles avaient la douceur et la transparence dans les ombres de ses premières épreuves colorées à l'encre de Chine; il ajoutait qu'il avait souvent échoué avec quelques-uns des noirs du commerce, et que la teinte d'encre de Chine n'est pas aussi agréable pour les portraits que pour les monuments, parce qu'elle rappelle trop le ton des épreuves à l'argent peu solides ou mal virées. Enfin il terminait ainsi :

« Depuis quelques mois, nous avons fait beaucoup
» d'essais de photographie à la gélatine-bichromatée,
» et nous avons souvent rencontré de grandes difficultés
» dans la pratique, après avoir été ébloui par une faci-
» lité qui ne se renouvelle pas toujours, surtout avec
» certaines couleurs et diverses sortes de noirs. Un
» écueil sérieux est souvent dans le cliché, qui, bon
» pour le tirage ordinaire, ne se prête pas toujours au
» tirage au charbon. »

Ainsi, de l'aveu même de M. Blaise, le procédé qu'il emploie n'est pas absolument pratique. Dans les nombreuses manipulations et tours de main à exécuter, on rencontre des écueils sérieux que l'on ne réussit pas toujours à vaincre. C'est bien ce que nous avons déjà

dit nous-même. Il n'existe pas en réalité de procédé
opératoire au charbon qui soit vraiment pratique, et
c'est vers ce but que tendent nos efforts : produire un
papier aussi facile, et même plus facile à impressionner
que le papier au chlorure d'argent, sans les mêmes difficultés de virage et fixage, c'est le problème ingrat et
rude que nous nous sommes posé et que nous travaillons
à résoudre.

Le procédé pratiqué par M. Gobert a pour base le
protochlorure de fer, aussi indiqué par M. Poitevin.
Nous le mentionnons ici pour mémoire, nous dispensant
d'en donner une description détaillée. Le lecteur, d'ailleurs, la trouvera complète au tome IX du *Bulletin de
la Société française de photographie,* séance du 6 novembre 1863.

CHAPITRE XV.

Si le système mécanique nous est d'un grand secours
dansla préparation du papier gélatino-bichromaté, il ne
nous rend pas moins de services pour la production en
grand du papier pour épreuves bleues. Le papier au
ferro-prussiate préparé par ce moyen possède des qualités éminemment supérieures à celles que l'on obtient
par les manipulations individuelles. Il est notoire que
l'opérateur le plus habile, avec la seule ressource des
mains et des ustensiles ordinaires, ne saurait jamais
atteindre le degré de perfection que nous avons atteint
mécaniquement.

Ce papier tout sensibilisé simplifie les opérations,
aplanit les difficultés et constitue un procédé a la portée
de tout le monde, que les enfants eux-mêmes peuvent

pratiquer sans le moindre embarras; malheureusement les épreuves qu'il donne sont bleues, et, quels que soient d'ailleurs la beauté et l'éclat de la nuance obtenue, ce n'est en réalité que du bleu, et ce que l'on demande à la photographie, c'est un noir beau et franc qui se rapproche de celui des gravures.

Ce procédé néanmoins est appelé à rendre des services, car il est certains dessins qui ressortent convenablement en bleu et auxquels même cette nuance, loin de nuire, donne un aspect agréable et doux, tels sont les plantes, les fleurs, les arbres, l'eau, etc. On emploiera encore avantageusement cette couleur pour les plans, et chaque fois qu'il s'agira de rappeler seulement les formes et les contours d'objets quelconques : meubles, machines, ustensiles ou autres produits de l'industrie pour lesquels le bas prix des reproductions photographiques est pris en grande considération. Ce papier d'ailleurs se conserve très-bien, et l'artiste peut en avoir constamment à sa disposition pour essayer des clichés et juger de leur valeur, sans avoir recours au bain d'argent. On comprend aussi aisément les services qu'il peut rendre en voyage, et partout où l'on est privé des choses les plus essentielles pour l'impression des positifs par les procédés ordinaires; il n'exige en effet qu'un simple châssis à reproduction avec l'eau et les vases, que l'on trouve partout.

On va voir combien est simple et peu embarrassante la manière d'opérer.

On expose le papier tel que nous le livrons sous un négatif aux rayons lumineux; l'exposition doit être un peu

longue; elle varie, selon l'intensité de la lumière et la force
du cliché, entre 20 et 30 minutes. Après l'insolation l'uni-
formité de teinte verdâtre du papier est à peine modi-
fié, le dessin cependant est tracé, et s'il reste invisible,
c'est qu'il est voilé et comme couvert d'un nuage. Par un
lavage à l'eau pure on le dégage de ce nuage, et l'image
apparaît alors dans toute sa valeur. Quand le lavage
est fait dans peu d'eau, il se produit deux effets con-
traires et assez curieux. A mesure que les blancs se dé-
barrassent de la couleur bleue qui les couvre, l'eau qui
en est chargée la reporte et la distribue proportion-
nellement dans les finesses et les demi-teintes. Il faut
cependant s'arrêter à temps, car par un lavage prolongé
l'image entière baisserait de ton et finirait même par
passer.

Par une immersion rapide de l'épreuve dans l'eau ai-
guisée de quelques gouttes d'acide nitrique, on parvient
à éclaircir les blancs qui ne seraient pas purs et à donner de la vigueur aux teintes; mais la plupart du temps
cette opération est inutile et n'ajoute rien à la beauté
de l'épreuve.

On peut résumer l'opération de l'épreuve bleue par
ces quelques mots : exposer au châssis le papier sous
un négatif, le retirer après insolation suffisante, plonger
l'épreuve dans l'eau, l'y tenir quelques minutes, la rin-
cer, l'étendre et la faire sécher; voilà toute l'opération!

On fait virer au noir les épreuves bleues en les plon-
geant dans une solution de 4 grammes de potasse ordinaire
pour 100 grammes d'eau: quand la couleur bleue a complétement disparu sous l'action de la potasse et qu'elle

est remplacée par une couleur jaunâtre, qui n'est autre qu'un oxyde de fer, on plonge l'épreuve dans une solution de 4 grammes de tannin pour 100 grammes d'eau; elle acquiert promptement dans ce bain une belle teinte noire qui, après un lavage léger à l'eau pure, reste fixée sur le papier, aussi inaltérable que les caractères tracés avec l'encre à écrire, car le noir de nos épreuves est formé de la même manière par le fer et la noix de galle.

On peut modifier la teinte du dessin en le faisant flotter rapidement sur un bain d'eau faiblement chargé d'acide sulfurique; le noir y prend une teinte violacée qui donne au dessin l'aspect d'épreuves ordinaires aux sels d'argent, mais malheureusement les blancs laissent à désirer: ils sont légèrement nuancés d'une teinte variable avec la couleur générale du dessin qui reproduit assez bien l'effet d'un tirage lithographique sur papier de chine, effet qui en certains cas ne manque pas de charme.

Nous avons l'espoir que, quand le procédé aura été étudié et qu'il aura passé dans les mains de praticiens habiles, le défaut bien regretable des blancs imparfaits qui nuit à l'harmonie de l'image pourra être évité, et que ce procédé si facile sera alors plus généralement adopté. Nos efforts vers ce but, en ce qui nous concerne, ne feront pas défaut.

Notons toutefois que le procédé au ferro-prussiate est entre tous les procédés celui qui par sa nature offre le plus d'intérêt; la simplicité du mode opératoire le met à la portée des plus jeunes intelligences, et les personnes les moins initiées à l'action merveilleuse de la lumière sur les substances sensibles restent charmées des résultats qu'il donne ; il distrait les uns, intéresse les autres et occupe agréablement tout le monde : c'est le passe-temps le plus séduisant des longs jours d'été pendant le séjour à la campagne.

Nous avons fait établir une boîte qui contient, sous le plus petit volume possible, tous les objets nécessaires à la reproduction par négatifs de l'épreuve positive, avec une simple et courte instruction. Peut-être ce jeu photographique sera-t-il pour le débutant le poin de départ d'opérations moins élémentaires ; cela dépen dra incontestablement de l'intérêt qu'il y prendra : il trouvera dans nos magasins d'articles de photographie tous les moyens d'initiation possible au plus charmant des arts, et au besoin nos faibles lumières ne lui feront pas défaut. Nous avons vu nombre d'amateurs qui avaient ainsi débuté se passionner et devenir plus tard des artistes d'un mérite incontestable.

La boîte photographique que nous avons fait établir contient ou ne contient pas de négatifs, au choix de l'acheteur. Nous y avons inscrit ce titre : *Photographie dans sa plus simple expression ;* elle ne porte ni nom ni adresse, de sorte que les photographes qui voudront en faire l'objet d'un commerce pourront la présenter comme si c'était leur propre création.

Il n'y a aucune analogie d'ailleurs entre cette opération si simple et le procédé impossible, tant prôné il y a quelque temps sous un titre que nous nous abstenons de rappeler, procédé pour lequel il fallait une foule de fioles capables d'effrayer le plus intrépide des pharmaciens ; mais c'était une direction d'annonces qui avait donné son patronage au procédé pour remplir le blanc de ses colonnes et les alimenter dans les moments de disette. On comprend la raison de cette splendide publicité.

Le procédé au charbon est d'une exécution tout aussi facile dans la pratique que le procédé au ferro-prussiate ; par cette raison nous avons des boîtes garnies de papier gélatino-bichromaté destinées aux personnes qui donnent la préférence au procédé dont les épreuves, d'ailleurs inaltérables, sont d'un noir si parfait. L'instruction, très-concise, sur la manière d'opérer, est jointe à la boîte.

Cette boîte, dont le fond imperméable peut être utilisé comme cuvette de lavage des épreuves, n'en conserve pas moins le cachet d'élégance d'un petit meuble de fantaisie ; elle contient de quoi faire vingt-cinq épreuves de 10×13, et ne mesure pas plus de 16×12 $1/2 \times 3$ centimètres.

CHAPITRE XVI.

**Avantages de l'appareil conservateur des papiers
sensibilisés.**

Cet appareil, dont nous avons déjà parlé au chapitre XIII, *Papier positif sensibilisé*, est d'une utilité parfaitement constatée. Apprécié et recherché par les artistes de profession autant que par les amateurs, il est
devenu l'accessoire indispensable de tout atelier bien
organisé, et l'on ne saurait calculer ce qu'il économise
de temps et d'argent.

Il arrive chaque jour qu'après avoir préparé du papier sensibilisé pour s'en servir de suite, on s'en trouve
empêché par une circonstance imprévue quelconque; le
mauvais temps, si fréquent et si subit, et mille autres
causes ne viennent que trop souvent mettre obstacle
aux projets de l'opérateur : dans ce cas, le papier qu'il
a préparé se trouve perdu; si, au contraire, il a eu
soin de le mettre dans l'appareil conservateur, il l'y

retrouvera au bout d'un mois en aussi bon état que le premier jour.

Et quel avantage inappréciable cet appareil n'offre-t-il pas en voyage, surtout pour le papier négatif sensibilisé! On ne craint pas, après avoir préparé chez soi un certain nombre de feuilles, d'entreprendre une excursion de plusieurs jours, sûr que l'on est de retrouver ces feuilles, quand le moment de s'en servir sera venu, aussi bonnes qu'à l'heure même de la sensibilisation.

Ce petit meuble est encore plus nécessaire aux amateurs qu'aux artistes. Celui qui achète du papier tout sensibilisé doit trouver en rentrant chez lui un appareil dans lequel il puisse l'enfermer, pour le mettre à l'abri de l'altération, suite inévitable d'un emploi différé.

Ce n'est pas seulement avant l'impressionnement du papier que l'appareil conservateur est utile. On sera souvent très-heureux de l'avoir sous la main, quand, après l'insolation dans le châssis ou dans la chambre noire, on se trouvera empêché de poursuivre les opérations qui suivent. Mis alors dans l'appareil conservateur, l'épreuve latente ou qui n'est pas apparue pourra attendre l'heure du développement ou du fixage sans rien perdre de sa valeur.

On évitera avec soin de laisser l'appareil conservateur ouvert, car la substance préservatrice qu'il renferme se liquéfierait et il faudrait la renouveler.

Nous nous chargeons du reste des réparations de cet appareil, et à peu de frais; nous en avons de toutes formes et à tous prix.

CHAPITRE XVII.

Châssis et portefeuilles préservateurs des glaces sensibilisées, pour procédés secs, collodion ou albumine.

Les portefeuilles et châssis préservateurs des glaces sensibilisées auxquels nous avons apporté de nouveaux perfectionnements, soumis récemment à l'appréciation de la Société française de photographie, sont construits d'après les mêmes principes que les portefeuilles pour papier sec présentés dès l'année 1855 à la même Société, qui daigna les honorer d'une description, deux ans plus tard, le 17 avril 1857, dans le bulletin de ses séances.

Le châssis préservateur des glaces sensibilisées pour procédé sec conserve la forme et la construction ordinaire de tous les châssis négatifs, et en diffère seulement par une ouverture ménagée dans sa partie supérieure pour donner passage aux gaines porte-glaces que nous appelons portefeuilles préservateurs ou simplement *préservateurs*, et par l'adhérence de la baguette inférieure du châssis au volet.

Avec quelques-uns de ces portefeuilles très-peu encombrants, on peut, dans les excursions, emporter un certain nombre de glaces préalablement sensibilisées sans presque augmenter le bagage photographique; le changement de la glace dans le châssis se fait d'ailleurs en pleine lumière sans la moindre difficulté.

Notre châssis de 1855 ne différait des châssis ordinaires que par l'ouverture à la partie supérieure dont nous avons parlé plus haut, ce qui le distinguait et le distingue encore aujourd'hui des châssis rivaux de M. Relandin et de M. Clément, dont la forme et la construction toutes spéciales imposent une manipulation nouvelle.

Tous les châssis positifs peuvent être facilement ramenés à notre système, tandis qu'il serait impossible d'en faire des châssis Relandin ou Clément.

Notre châssis pour glaces sèches a conservé, disons-nous, la forme de notre ancien châssis pour papier sec, ou à peu de chose près : son volet, comme celui de tous les châssis, est muni intérieurement d'un ressort destiné à faire pression contre la glace et la retenir immobile dans les doubles feuillures du châssis et du cadre en carton, au moment où la glace et son support sont abandonnés par la gaîne et laissés découverts dans le châssis.

La gaîne. plus longue que la glace sensible qu'elle renferme, ainsi que son support en carton, étant introduite dans le châssis, ressort par l'ouverture à sa partie supérieure de 2 ou 3 centimètres environ; c'est par cette saillie que la main la saisit et la tire de bas en haut : elle se déplace sous l'effort des doigts, tandis que le cadre porte-glace, retenu par ses deux saillies inférieures engagées dans les entailles du châssis, reste immobile. La glace, mise à nu par cette manœuvre, est prête pour l'opération de l'impressionnement dans la chambre noire.

Rigoureusement on pourrait, avec nos préservateurs, supprimer l'obturateur du châssis en bois, car les préservateurs font eux-mêmes fonction d'obturateurs; mais une double garantie a ses avantages et on doit la conserver, à moins que, dans un but spécial, ou ne veuille avoir un châssis d'un volume tout à fait restreint.

Nous avons combiné nos portefeuilles préservateurs de telle sorte que l'on puisse opérer dans la chambre noire avec la couche de collodion en avant ou en arrière de la glace.

Le même châssis qui sert à prendre l'image sert aussi à mettre au point; on y introduit par l'ouverture supérieure la glace dépolie placée dans le cadre en carton durci avec le côté dépoli en avant ou en arrière, suivant le besoin. Si on veut attaquer la couche de collodion au travers de l'épaisseur de la glace, on met au point le côté dépoli en arrière faisant face à l'opérateur. On comprend que, dans tous les cas, pour mettre au point, il faut tenir le volet du châssis ouvert : deux crochets posés au chapiteau du châssis sont destinés à fonctionner dans ce but.

On voit que nos préservateurs, gaîne et châssis, sont construits de façon à répondre au besoin, qui se fait quelquefois sentir, d'obtenir un négatif redressé pour qu'il puisse donner également un positif redressé quand on impressionne le papier au travers de son épaisseur; tel est le cas que nous signalons dans ces notes : *Procédé au charbon*, système proposé par M. l'abbé Arrouis, page 59.

CHAPITRE XVIII.

Les cuvettes en bristol imperméable que nous fabriquons depuis plusieurs années ont l'avantage inappréciable de la légèreté, de l'inaltérabilité et du casement facile. Les séries de quatre à huit cuvettes, entrant les unes dans les autres et occupant à peine la place d'une cuvette ordinaire en porcelaine de même dimension, sont justement appréciées des personnes qui aiment l'ordre et la propreté dans le laboratoire.

Notre but, qui avait été d'abord de faire des cuvettes spéciales pour le photographe voyageur, a été dépassé. Notre innovation n'a pas été moins appréciée dans l'atelier à demeure que dans l'atelier ambulant, et nous avons la satisfaction d'avoir donné naissance à une industrie nouvelle, que nous serons heureux de voir prospérer et grandir.

Nous appelons de tous nos vœux les essais comparatifs de nos cuvettes avec les cuvettes de gutta-percha ou autres, bien convaincus que la comparaison leur serait extrêmement favorable, leur donnerait le rang dû à leur mérite et aussi à leur ancienneté, car elles sont presque les premières venues dans le domaine de la photographie.

CHAPITRE XIX.

Ces cuvettes de construction mixte, bois et verre, affectent la forme rectangulaire et mesurent 30×40 ou 40×59 sur 18 centimètres de haut. Leur bâti en bois a ses parois intérieures garnies de verres épais, et une forte glace forme le fond. Une seconde glace de même nature placée au-dessous de la première à une distance d'un centimètre, constitue un double fond, qui rend facile le nettoyage de l'appareil, et empêche les épreuves mises à laver de boucher l'orifice du siphon et d'arrêter l'écoulement de l'eau.

Quand la cuvette est placée sous le robinet qui doit l'alimenter d'eau, le lieu correspondant à la partie inférieure du siphon doit être disposé convenablement pour le libre écoulement de l'eau au dehors, soit par un évier, soit par un tube en caoutchouc ajouté au siphon.

Par ce siphon l'eau se renouvelle d'elle-même dans la cuvette ; les épreuves qui y baignent sont parfaitement lavées sans surveillance aucune ni dérangement de l'opérateur.

On peut mettre un grand nombre d'épreuves à la fois dans la cuvette, et les abandonner au lavage sans s'en inquiéter autrement que pour les retirer après une immersion assez prolongée, et capable d'assurer autan que possible la parfaite solidité de l'image.

L'opération terminée, et dès que le robinet est fermé, la cuvette se vide d'elle-même, sans qu'il soit nécessaire de s'en occuper.

CHAPITRE XX.

Glaces collodionnées et sensibilisées prêtes à subir l'insolation.

Les glaces collodionnées et sensibilisées que nous tirons d'Angleterre, sont traitées avec un soin admirable et l'attention la plus scrupuleuse, tant pour le choix et la préparation des produits que pour leur emploi. Les quantités sur lesquelles les maisons anglaises opèrent, permettent de donner à l'ensemble des manipulations tout le développement d'une grande industrie établie sur le principe de la division du travail. Le travail est confié à des hommes spéciaux exercés à faire constamment et toujours la même opération, un vingtième, par exemple de l'opération complète, et qui la font d'autant mieux qu'ils ont pour eux l'habitude, et même, si l'on veut, la routine, qui conduit infailliblement à la perfection.

La glace, dégraissée par le premier ouvrier, passe successivement de main en main, jusqu'à ce qu'elle arrive à celui qui la met à sécher après la sensibilisation. Le lendemain, elle est reprise par l'ouvrier chargé du classement et de l'emmagasinage.

Les hommes employés à ce travail, passablement fastidieux, le font un peu comme des machines, mais enfin ils lui donnent le cachet de supériorité que recherche avant tout le consommateur.

Le caractère de nos opérateurs français aurait peine à se plier à cet exercice monotone; mais ce qui ne paraît pas praticable en France l'est parfaitement en Angleterre; c'est.ce qui explique pourquoi nous faisons nos approvisionnements chez nos voisins.

Quant à la manière de faire apparaître l'image après exposition de la glace dans la chambre noire, tout le monde la connaît; on sait que c'est au moyen des solutions suivantes :

1re solution. { Eau distillée, 250 grammes.
{ Acide pyrogallique, 1 gramme.
{ Acide acétique cristallisable, 20 gr.

2e solution. { Eau distillée, 100 grammes.
{ Nitrate d'argent cristallisable, 4 gr·

Filtrer après dissolution.

On verse sur la glace une quantité suffisante d'eau pour en couvrir bien régulièrement toute la surface ; puis on mélange dans un verre à expérience 25 grammes de la première solution, avec quatre ou cinq gouttes de la seconde; on verse ce mélange sur la glace, et l'on continue le développement comme pour le collodion humide. Si l'épreuve n'a pas assez de vigueur, on fait un second mélange des deux solutions en mettant alors dix ou quinze gouttes de la seconde, au lieu de cinq, et l'on continue le développement ou plutôt le renforçage de l'épreuve, jusqu'à ce qu'elle ait assez de vigueur comme négative.

On lave bien l'épreuve, puis on la fixe avec une solution de :

Cyanure potassium pur, 2 grammes.

Eau distillée, 100 grammes.

Après un dernier lavage, on fait sécher l'épreuve, et on la vernit comme toutes les épreuves sur collodion.

CHAPITRE XXI.

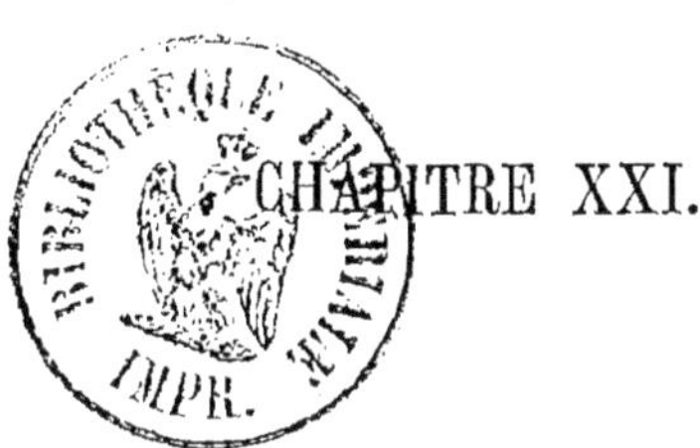

Portraits-camées-diamant.

Comme nouveauté de cette année, nous ne devons pas oublier les portraits-camées-diamant, que nous devons à l'intelligente initiative de MM. Window et Bridge, de Londres : ce sont quatre bustes de la même personne pris sous quatre faces différentes et disposés en groupes symétriques du plus bel effet ; leur ensemble, sorte de bosse ovale, est une ravissante carte très-digne d'une place d'honneur dans les feuilles hospitalières de l'album des salons. Cette idée heureuse, destinée à donner une impulsion toute nouvelle aux portraits-cartes de visite, un peu délaissés, sans doute, parce qu'on les a trop prodigués au jour de l'enthousiasme général, étant présentée sous un jour nouveau, fera regagner sans doute le terrain perdu. Les portraits-camées-diamant ont déjà en Angleterre un succès de vogue ; nous nous sommes donné la mission de les populariser en France, et nous espérons réussir à leur ouvrir les albums des collectionneurs, comme aussi à les faire participer aux échanges de l'amitié.

Les photographes qui sauront exploiter convenablement la petite nouveauté que nous sommes chargés de leur offrir pourront compter sur une clientèle distinguée, avide de ce qui est beau et de ce qui sort de l'ordinaire. D'un autre côté, la carte-diamant offre quelques difficultés d'exécution : elle restera donc en bonnes mains et deviendra l'apanage exclusif des maisons d'élite qui sauront lui maintenir en France le rang distingué qu'elle a déjà pris en Angleterre ; elle est apte, d'ailleurs, à recevoir un très-grand nombre d'applications. Rien de plus facile que de réunir dans un même cadre une famille tout entière. Nous tenons toutes prêtes des cartes destinées à servir de monture à ces portraits ; elles portent en bas, avec la *registration* anglaise ou cachet de dépôt, notre estampille suivie du mot *déposé*. Toute épreuve de ce genre montée sur bristol non revêtue de ces marques sera considérée comme contrefaçon.

L'instruction et le tarif de chaque objet nécessaire à l'opération complète sont offerts aux personnes qui en font la demande, et, en ajoutant 1 fr. 25 c., elles recevront un spécimen de ces charmantes cartes-camées.

CHAPITRE XXII.

Verres à dégrader les épreuves positives, dites épreuves à vignettes.

Pour se servir avec avantage des verres à dégrader et en obtenir un bon résultat dans la pratique, il faut les monter sur carton et les recouvrir de chaque côté d'une feuille de papier végétal destiné à atténuer la lumière trop vive et ses effets souvent fâcheux sur l'épreuve à vignette soumise à l'insolation.

On procède au montage du verre sur son support de la manière suivante : une feuille de bristol un peu forte, coupée juste à la grandeur de la glace épaisse du châssis positif, est percée à son centre d'une ouverture à jour plus petite que le verre, d'un centimètre environ ; on a ainsi une espèce de châssis en carton sur lequel on applique et fait adhérer, au moyen d'un corps mucilagineux, la glace à dégrader, de telle sorte que ses bords appuient contre les bords intérieurs du cadre en carton, en observant autant que possible la rectitude de pose.

Sur chaque côté de ce verre à dégrader monté sur carton, on applique une feuille de papier végétal plus grande que le verre, suffisante pour la couvrir et venir se fixer par ses bords au cadre en carton. Cette disposition constitue un écran prêt à servir au tirage des positifs à vignettes.

Pour opérer, on place l'écran dans la feuillure du châssis à imprimer le verre en avant et formant saillie à l'extérieur. On place en second lieu la glace forte appliquée contre l'écran, et on procède au tirage des positifs comme à l'ordinaire.

Par cette manière de fixer le verre à dégrader, on se dispense d'avoir à le déplacer et à l'ajuster de nouveau à chaque examen de l'épreuve, et l'on n'a pas à craindre, à moins d'un mouvement brusque ou d'une chute violente du châssis, de le voir se briser sans ressource. En appliquant le papier végétal comme nous l'indiquons, on met les vignettes à l'abri des effets nuisibles d'une insolation précipitée. On peut alors les abandonner à l'action de la lumière la plus vive, sans s'en inquiéter plus que d'une épreuve ordinaire.

Nous livrons sur demande ces verres tout montés et prêts à servir. On doit, dans ce cas, nous indiquer la grandeur intérieure exacte du châssis, afin que l'écran soit bien conforme, ni trop grand, ni trop petit : s'il est trop grand, le remède est facile ; mais il n'y aurait pas de remède, au contraire, si l'écran était trop petit.

CHAPITRE XXIII.

Emballage conservateur pour l'expédition des papiers sensibilisés.

Nous n'aurions pas ouvert un chapitre spécial à cet article de minime importance, dont nous avons déjà parlé subsidiairement au chapitre XII, si nous n'avions à constater les qualités et faire ressortir les avantages qu'il procure aux personnes éloignées de Paris qui s'occupent plus ou moins de photographie à un titre quelconque, comme amateurs ou praticiens ou à titre de simple distraction. Nous avons vu nombre de personnes commencer dans ces dernières conditions, se passionner pour les merveilles qui se révèlent à elles et devenir des artistes distingués.

Aux personnes qui se sentent quelque penchant pour cet art, notre petit livre, *Pratique de la photographie sur papier*, enseignera les premiers éléments, nos papiers leur viendront en aide et nos conseils au besoin ne leur feront pas défaut.

Le papier pour épreuves bleues, très-convenable pour servir dans les premiers essais et guider le photographe débutant, n'a pas besoin de moyen de conservation; il se conserve sans autre précaution que celle de le tenir à l'abri de la lumière du jour. Pour plus amples détails voir au chapitre XV.

CHAPITRE XXIV.

**Presse dite coup-de-poing, pour couper instantanément
les épreuves.**

Ces presses, d'une grande simplicité, permettent de couper d'un seul coup, avec une rectitude sans pareille, les épreuves photographiques de toutes grandeurs et de toutes formes: carrées, carrées à coins ronds, ovales, ogives ou autres, mieux et plus habilement que n'importe quel outil, pointe, ciseaux ou cisailles.

L'instrument peut se faire sur grandeur donnée ou dans les formats photographiques ordinaires en très-peu de temps.

La presse *coup-de-poing* est l'accessoire indispensable de tout amateur ou photographe de profession qui désire l'exécution prompte et régulière de son travail.

CHAPITRE XXV.

Ainsi que nous le disions au chapitre VIII, le papier encollé à l'arrow-root est susceptible d'un grand nombre d'applications. M. Cooper le considère comme se prêtant mieux que tout autre au procédé à l'uranium, et les expériences que nous avons faites dans cette direction lui donnent pleinement raison ; nous avons obtenu, avec la préparation suivante de ce papier, des épreuves d'un ton, d'un modèle et d'une finesse admirables, mais disons tout d'abord que nous ajoutons quelquefois à l'arrow-root une petite quantité d'albumine qui donne un grand lustre au papier.

Dans un litre d'alcool à 36°, nous faisons dissoudre à l'aide de la chaleur 20 grammes de nitrate d'argent ; cette quantité reste dissoute tant que la liqueur est chaude ; mais par le refroidissement il se précipite des cristaux en aiguilles au fond du flacon, et il reste une solution saturée de nitrate d'argent dans l'alcool, qui n'a absorbé en définitive qu'environ 1 gramme d'argent par 100 centimètres cubes de liqueur. Après avoir filtré et ajouté à cette première solution 50 grammes de nitrate d'urane qu'on laisse dissoudre, nous filtrons de nouveau et nous versons dans une cuvette la solution alcoolique argenti-uranium ; nous y plongeons et nous y laissons pendant cinq minutes notre papier à l'arrow-root ; nous le retirons, nous le suspendons et nous l'abandonnons à la dessiccation spontanée. Le papier sec est à peine mis dans le châssis à impression que les bords se colorent rapidement sous l'action des rayons solaires ; quand les épreuves paraissent suffisamment venues, on les lave dans l'eau ordinaire, selon l'usage, on les plonge dans un bain de virage, or et phosphate de soude, et on les met ensuite dans le bain traditionnel d'hyposulfite de soude pour les fixer. Les épreuves, lavées et séchées, se montrent très-vigoureuses par réflection et plus vigoureuses encore par transparence, sans grain dans la pâte du papier ; ce qui nous donne à penser que si l'on parvient à utiliser ce papier uranifère pour le procédé négatif, il pourra reconquérir la faveur que lui ont ravie ses concurrents, le collodion sec et l'albumine. L'avenir prononcera, et nous dira sur quoi nous pouvons compter : en attendant nous constatons que le papier à l'arrow-root sensibilisé à l'uranium donne des épreuves d'un grand éclat, vigoureuses et d'une finesse remarquable.

Nous pensons que le procédé à l'uranium est appelé

à apporter de notables modifications dans le mode opératoire actuel et qu'il y a là projet à des études sérieuses
et suivies. Qui empêche d'étendre une couche de collodion uranié sur ce papier déjà uranié lui-même et de
l'imprimer ensuite au châssis positif selon l'usage; mais
à quoi bon cette couche de collodion qui ne donne à
l'épreuve ni plus d'éclat ni plus de vigueur que la couche arrow-root albuminée que nous y étendons? Les
opérateurs pourront d'ailleurs se rendre compte par des
essais comparatifs et décider mieux que nous ce qu'il
convient de faire; ils auront aussi à chercher le virage
le plus favorable, celui qui assure le mieux un succès
définitif. Plusieurs opérateurs en ont indiqué un qui
possède l'avantage de fixer et virer en même temps, de
sorte que le virage et le fixage se feraient par une seule et
même opération. Il se compose de : eau, 1,000 grammes ;
sulfocyanure d'ammoniaque, 100 grammes ; chlorure d'or,
1 gramme. Le ton de l'épreuve que l'on obtient avec ce
virage est chaud, modelé et vigoureux, avec une teinte
légèrement rosée dans les clairs du dessin, teinte qui
ne manque pas de charme.

Pour préparer le virage, on procède de la façon suivante :

100 grammes de sulfocyanure d'ammoniaque sont
mis à dissoudre dans 1,000 grammes d'eau, d'une part ;

grammes de chlorure d'or dans 1,000 grammes d'eau,
d'autre part. On verse doucement, en agitant avec une
baguette en verre 100 grammes de la deuxième solution
dans 200 grammes de la première. Après quelques heures de repos, le virage est prêt à servir.

Si l'on veut que les clairs du dessin restent blancs, on plonge l'épreuve, au sortir du châssis, dans l'eau additionnée de 4 grammes acide acétique pour 100 grammes eau. Le lavage à l'eau pure et le fixo-virage se font ensuite comme il est indiqué plus haut. Mais disons franchement que si l'on tient à des blancs dans les clairs du dessin, on devra donner la préférence au virage connu de tout le monde, phosphate de soude et chlorure d'or, d'autant mieux que son effet sur notre papier est presque instantané ; l'épreuve vire avec une rapidité incomparable.

CHAPITRE XXVI.

Emaux photographiques.

L'industrie des émaux photographiques, une des branches puînées de cet art si merveilleux, prend chaque jour plus d'essor; elle a eu pour auteur M. Lafon de Camarsac, qui la pratique avec une habileté incomparable, mais qui garde le secret du procédé, ou du moins des tours de main auxquels il doit ses succès. M. Poitevin, qui est venu plus tard et qui opère sans doute autrement, démontre son procédé et cède des licences aux photographes désireux de l'exploiter commercialement. M. Billordeau, avec l'aide d'un émailleur, aurait découvert de son côté un *modus operandi* qu'il exploite avec bonheur; les produits de son industrie, qu'il nous a été donné de voir, sont parfaitement réussis. D'autres émaux photographiques, sortis de l'atelier de M. Kayser, photographe au Havre, et du laboratoire d'un phótographe amateur de Chambéry, nous ont paru aussi très-riches d'avenir.

On a peine à comprendre que ces images si artistiques, et à la fois si inaltérables, n'aient pas eu dès l'origine les succès qu'elles méritaient, et qu'elles soient restées si longtemps presque ignorées du public. Cette indifférence ne s'expliquerait-elle pas par les imperfections inséparables d'un début, et aussi par l'usage que l'industrie de la bijouterie fausse a fait des premières photographies émaillées? Elle les payait à vil prix : elles étaient par conséquent très-mauvaises, et l'on s'en dégoûta.

M. Lafon de Camarsac a eu l'immense bonheur de rendre toute sa valeur à l'industrie qu'il avait créée, et que des mains mercenaires avaient compromise; il est arrivé aujourd'hui à la perfection la plus absolue, et nous n'avons qu'un regret à exprimer, c'est qu'il faille attendre si longtemps les chefs-d'œuvre sortis de ses mains. Cette lenteur, au reste, s'explique en partie par la dépendance dans laquelle il se trouve lui-même relativement aux artistes chargés de la retouche au moyen de couleurs vitrifiables que le pinceau et ensuite la mise en fusion doivent incorporer à la plaque revêtue de l'image photographique.

Le talent du peintre sur émail a donc sa part dans le mérite des charmants tableaux que la photographie produit avec son concours; c'est ce qui explique leur prix si élevé, et qui restera tel aussi longtemps que l'on voudra très-bien faire.

Nous n'avons pas la prétention de savoir et de vou-

loir révéler les secrets de la photographie sur émail ;
nous nous bornons, au contraire, à dire aux photographes que ce qu'ils ont de mieux à faire est d'adresser
les clichés qu'ils désirent faire reproduire sur émail à
l'un ou l'autre des artistes que nous venons de nommer
et qui seront heureux de leur faire les remises convenables. Si cependant ils désirent opérer eux-mêmes, la
route leur est toute tracée ; ils iront frapper à la porte
du savant et habile chimiste qui consent à démontrer
ses procédés et à délivrer des licences. Quand ils seront passés maîtres, il est à Paris un grand nombre de
peintres sur émail avec lesquels ils pourront s'entendre
pour l'opération des couleurs vitrifiables et pour la
cuisson. Nous sera-t-il permis de dire ici que cette dernière opération n'a rien de difficile ni d'effrayant. Le
matériel du peintre émailleur se compose d'un fourneau en terre cuite, tel qu'on en trouve chez tous les
marchands d'appareils chimiques, d'une plaque métallique et d'une paire de pincettes pour tenir la plaque
garnie d'émaux sur les charbons allumés du fourneau.
En quelques minutes on voit les couleurs entrer en fusion et s'incorporer à la couche d'émail étendue sur le
cuivre qui lui sert de support et qui a été cuite une
première fois. On met à la fois sur la plaque métallique
de dix à vingt émaux photographiques, on les retire
après le temps de chauffe nécessaire, et on les abandonne à un refroidissement spontané qui ne dure que
quelques minutes.

Notre maison de Londres, 152, Regent street, a l'honneur de représenter M. Lafon de Camarsac, dans les

trois Royaumes-Unis, pour la production des images photographiques sur émail, et, pleins de confiance dans cette charmante industrie, nous sommes tout disposés à servir d'intermédiaires aux praticiens ou aux amateurs qui voudraient transformer, sans les détruire, leurs clichés en émaux photographiques; nous leur ferons des conditions aussi avantageuses que possible.

OBSERVATIONS.

Nous avons dit que les papiers français se prêtaient mal à notre travail, mais qu'il n'en était pas de même des papiers allemands. Aussi tous les papiers traités mécaniquement dans nos ateliers sont d'origine prussienne et sortent de la fabrique de M. Steinbach, à Malmedy, la seule qui réussisse bien les papiers photographiques destinés à ce genre de travail: texture mate, serrée, unie, régulière, souple, résistante et sonore, sans que l'encollage qui contribue à donner ces qualités dépasse la juste mesure et cause par son excès l'inconvénient grave de rendre la feuille sèche, cassante et facile à se déchirer. L'œil exercé peut, à la simple inspection de la feuille, reconnaître les qualités que nous venons de mentionner et prononcer, sans crainte de se tromper, sur la véritable provenance.

Le traité de commerce franco-prussien, s'ajoutant à nos relations particulières et fort anciennes avec la fabrique de Malmedy, nous place dans les conditions les plus favorables pour la vente de ce produit, dont nous sommes toujours abondamment pourvus, en rames ou en rouleaux, préparé ou non préparé.

Nous ne mentionnons dans ces notes que les articles les plus saillants et les plus nouveaux de nos magasins; on trouvera dans notre catalogue, que nous offrons avec plaisir à tous ceux qui nous en font la demande, la nomenclature complète, avec prix, de tous les agents photographiques de nos magasins.

TABLE DES MATIÈRES.

PARIS — IMPRIMERIE CENTRALE DE NAPOLÉON CHAIX ET Cᵉ, RUE BERGÈRE, 20. — 1921.

PARIS. — IMPRIMERIE CENTRALE DE NAPOLÉON CHAIX ET Cie, RUE BERGÈRE, 20.

9 782019 998936